【序】一家之言

古往今來，解譯《道德經》的聖賢無計其數。有側重治國安邦的；有側重自身修為的；有側重文字內涵的；而現代社會又有側重企業管理的。總之，各種解譯都有，仁者見仁智者見智，只是角度不同而已。

順應自然

《道德經》是闡述「順應天道做事情的方法」的，所以，很多符合於自然規律運化的行為，都可以在《道德經》中找到理論依據。

順應自然必然昌盛，運用《道德經》的理論，以符合自然規律的方法去對待事物，其結果必然是好的。大到治理國家、管理大型企業、打造某行業的龍頭王者，小到社區、鄰里、家庭和周圍的親朋等，都可以運用《道德經》的修為與智慧來對應處理。

但是，必須要著重強調的是：《道德經》中的思想，雖然大大小小各方面事物都可以運用，然而，它更是一部王者的思想、聖人的思想、修煉者的思想，它讓人合於天道。順應自然規律來運化萬物，這是王道。它讓人順應自然來調整事物而不把持事物；引導事物而不主宰事物，這是聖人之道。王道要有王的秉性與氣質，這就是王氣，王氣是無限性寬廣的胸懷與人天合一、人道合一，而產生的強大的、多維空間資訊的能量，萬物在王與大自然相合的能量承載與映照下，順道而生。王與天道維護著、引導著、運化著萬物，順應

滅、化生，進而達到更深層次。

修煉身體命功，就會體悟能量，才能身有所感，心有所悟，啟迪心性，才可以明白更深的道理，感悟更深的自然規律。

自然規律是其大無外、其小無內的。宇宙中的所有事物都蘊含著自然規律，自然規律也主宰著宇宙中的所有事物。在修煉的境界中，身體就是一個小宇宙，包含著所有的宇宙資訊；身體內在的修煉，也即是等同於向宇宙大自然及其他外部空間探求。同比，以王者之道來講，當身體內在的道修煉好了，也就會感悟到如何順應天道治理國家了。這樣，他的道法就可以充分的應用在社會上，有利於社會的和諧與穩定，百姓安居樂業，生活幸福，功德無量。

修煉內在能量

所謂修道，就一定要修煉內在能量，需要內在的能量與外在的大自然充分的融合為一體，也就是身體與道合一，才是為修道。

不能進行身體的能量修行，就不會合於道的本源。道的本源為無極，為非空之空的無極；無極而太極化生萬物，只有無極才化生有，這個「有」就是要解決某件事物的對應方法。陰陽和合，一把鑰匙開一把鎖，事物就解決了；所謂的絕症疾病，找到了對應的治療方法，疾病就治好了，這就是合於天道做事的方法。不修能量，就不能使自我的能量資訊更深入的與道相合，不能達到無為的境界；以「有為法」做事，並不合於道空無的本性，用不合於道的方法做事，很多事情就不會成功，甚至做錯事。

一個有形的物體永遠不能複印出另一個物體的全部。只有「無」才可以化生出事物

對應的所有方方面面，以及其全部的空間和時間變化；只有「無」中才可以徹底的、完全的複印出一個具體事物的全部；換另一個角度講，合於道的做法，才會產生無窮無盡的智慧。

在修道中，命功修煉主要就是指身體的能量修煉，並不是單純的鍛鍊人身體體力，或使身體苦修、遭受磨難等。當然在修道中出現了磨難也是正常的，比如修煉過程中，身體能量衝擊病區的時候是很痛苦的，包括衝擊體內潛在的、還沒有爆發出來的疾病，也就是《黃帝內經》中所講的「未病」。疾病越深、越重，衝擊越大，就如同大病發作一樣，內心恐懼害怕，身體痛苦不堪；但是只要堅持修煉，身體的本質就會產生根本性的變化，治好疾病，擺脫病痛，脫胎換骨，益壽延年。當然在氣沖病灶時，也有感覺很小的，在不知不覺中病就好了，這屬於個體差異，人數極少。

能量影響身體與運氣

不進行能量修行，身體容易產生疾病，疾病會產生痛苦，也會影響自我情緒，做出不符合於天道規律的事情，同樣也會影響運氣。所謂運氣，其實就是人身體生物資訊場的運行，運行順暢、旺盛的，當然氣質、精神就好，做事容易成功。

人體生物資訊場具有突破時空的特性。例如人在深圳，其實在北京也有他的生物資訊場，他的生物資訊場旺盛，影響著相關事務，他從深圳去北京辦事，馬到成功，人們就會說他運氣好。其實從資訊場的角度來講，他在沒辦事情之前，身體的資訊場就已經影響著這個事情了。

反之，如果身體有嚴重的病痛，就會影響身體生物資訊場的運行，使之受阻或虛弱，

那麼，這就可以說運氣不好，不利於做事情的成功；長此以往，原本已經成就了很好的事業，在不知不覺中很難進一步發展了，即可能逐漸衰落，最終病體無力做事，抱憾終生離世。當然，影響運氣的不只是身體疾病一個方面，還有自然規律中「捨、得」的平衡、心念產生的資訊等等。

在社會上有一些人士，他們先天的秉性就合於道，也就是《道德經》第四十一章中所講的「上士」，因為順天者昌，所以也就成就了他們的事業；他們喜歡道，就如同《道德經》第二十三章中所講的「道者同於道」，所以「道亦樂得之」。但是他們又不明白修道，也不會主動修煉能量，雖然做法上很多暗合於道的規律，但是畢竟不是真正的修煉之人，不懂真正的天道，所以難免也會偶爾做出違背道的事情，結果有一些上士也會遭到自然規律的懲罰，使事業、身體或者所謂的運氣受到影響。

身體中，心、肝、脾、肺、腎五臟的資訊，我們稱為內五行資訊；與身體五行對應的外部資訊，我們稱為外五行資訊。所謂的運氣，就是屬於外五行資訊範疇內的。內五行資訊與外五行資訊相互影響，以至於相互轉化。有的人身體感覺病痛，但是無論怎麼檢查也沒有病變，這個現象就有可能是外五行資訊影響身體的反應；當影響越來越嚴重，量變達到質變時，身體就會產生實質性病變，再用機器檢查時就可以查出病變了。所以，人身體狀況的好壞影響著運氣，而外部的資訊好壞又影響著人的身體情況。

修行第一病：只修性、不修命

目前，世上有很多人只做好事，積功德，修心性，並不重視身體的能量修煉。雖然這樣可以積累很多好的資訊，但是不修煉身體能量，資訊的量級也就不容易提高，單純的資

訊很難轉化為強大的能量，身體內在的深層次疾病也不會得到衝擊，以至於還是會疾病纏身，每日裡還要分出心神承受病痛的折磨，哪還能全身心的修行、做功課呢？甚至有些修行尚淺，早早離世，哪裡還能修成正果？每個人在世時間有限，即使不能很好地運用大自然能量延續壽命，也不能不重視身體。古修道者說得好：只修性，不修命，萬劫陰靈難入聖。

有人講，我每天只是念經，信仰某個神佛或者上師等，並常常能感覺到他的存在，而且有病時虔誠的祈求他，就可以出現神奇效果，甚至企盼著他最終可以帶我上天堂或去西方極樂世界。這樣的現象存在嗎？是真的嗎？是修道嗎？

可以肯定的講，這些現象是存在的，神奇的效果有時也是有的，但事情的本質不是真的。

宇宙中的資訊是無所不有、無所不在的，資訊具有突破時空的特性，同時各種資訊（包括各個事物的資訊、各個空間的資訊；古代的、現代的、將來的各個事物的資訊；思想意識資訊等等）又充分地混雜在一起，互相包含著的同時，又具有獨立的個體特性（請參考《道德經》第四章），它們具有影響事物的功能。我把混合資訊稱為「合成資訊」，把混合資訊及其功能稱為「合成資訊場」；把單一的、獨立的資訊稱為「特性資訊」，把單一的、獨立的資訊及其功能稱為「特性資訊場」。

古代神佛或者某宗教的上師資訊是存在的，哪怕古代歷史上並沒有這個真正的人物，但是在人們意識中想像出來後，經過思想意識的傳播、語言的傳播，致使其資訊不斷的共振，使虛構的神佛或其他宗教人物等，都具有一定的資訊場；當信仰的人自我心理意識資訊與被信仰崇拜的人物資訊發生共振時，所謂神奇的事情可能就會發生了。但是長期偏執

於追求這種狀態的人，或者長期沉浸在這種狀態中的人，往往容易出偏，走火入魔，變為精神病，這就是屬於性功修為不夠的結果，也應合了古人所講的只修性、不修命，此是修行第一病的理論。

自作自受，沒有僥倖

關於企盼神佛將其帶入天堂或極樂世界，就更是不可能的。自己種下的因才會得到自我的果，別人是代替不了自己的；因與果和捨與得是平衡的，祈求別人能給予果，而自己不用付出，是欺騙自己，是違背自然規律。難道古代的神佛不是修出來的，而是乞求別人給予的嗎？所以，種好自己踏實修行的正因，才會成就自己圓滿的正果。

世界上各個宗教的修行理念中，一般都具有進入特定空間的美好目地。佛教的美好目地有西方極樂世界；基督教、天主教的美好目地有天堂；道教的美好目地是進入無窮無盡的多維空間，成為永恆自在、散者為風、聚者成形、不朽不滅的與天地同在的真人或神仙。這裡的多維空間就是指著宇宙的所有空間，包括傳說中的天堂、各個天界、西方極樂世界及各個無名空間等等。

宇宙是無窮盡的，無窮盡的宇宙中就具有著無窮無盡的空間，而這無窮無盡的空間之中也確實無所不有，存在一切事物；但是也只有真正順天道修行、運用大自然的人，才會使人天合一，無所不有，無所不在，進入無盡的空間，成就心目中最美好的目標。

社會上經常有某人講，說自己是某某神佛轉世，來度化世人，世間也確有很多人相信。神佛們好不容易修煉出來，難道還要回到人間用肉體繼續輪迴嗎？古代修道者講，修成後可以散則為風、聚則成形，難道仙佛們不用道法出現在世間，而專找某個肉體轉世出

來度化世人，不怕費時、費力，還要擔著輪迴之苦嗎？我相信具有大智慧的仙佛們是不可能那麼做的。

萬般神通皆小術

稱自己為仙佛轉世而具有所謂神通的人，現今社會上有三種主要現象。

一是偶爾感應或共振到了某仙佛資訊，產生了合成資訊場，他自己卻以為是仙佛轉世附體。在這種狀態中，時而也會出現特性資訊，具有對外在事物部分真實認知的功能，但是對事情較真時，則又把握不住，因為這種情況畢竟是以合成資訊場做主導的。比如某自稱仙佛轉世的人，常常語出驚人，對某件事情好像瞭若指掌；但是當你手中抓一把豆子，問他是多少粒時，他是無論如何也說不清的，因為在這個層次中，是掌握不了特性資訊的。這種人不是有意騙人，屬於修行尚淺，不明真道者。

二是自我追求某仙佛，使大腦中產生了意識資訊場，幻化為圖像，進而出現了合成資訊場，使身體產生了資訊感知，就自以為是仙佛轉世。

三是明知道是假象，利用假象騙人者，這一類乃是自古以來就有的江湖騙子，最終目的為詐取錢財。

這三種現象目前在社會上表現的較多，當然也可能還有本人不知道的其他情況；對於其他情況，則是本作者認知有限，不能全部掌握。

然而作為一個真正有道的修行者，多數情況下，他的原則是明道而不示道，也就是知道了天道自然規律所顯現的事情，也不會對人說講；因為他知道造成惡果後，天道規律的懲罰有多麼可怕，這也就形成了所謂的「天機不可洩露」這句話。反之，一些到處彰顯說

講神祕事情的人，一般來講是不明真道的人，也不怕報應，因為他本來就知道自己沒有能力揭示天道，只是說說而已，當然也就沒有天道懲罰，充其量只是世間行騙的報應。這也即應了「知者不言、言者不知」的說法。

所以，真正的有道者只會教人踏踏實實的修行，並不會搞些所謂的神蹟，以獲取世人的敬仰、崇拜。難道他不懂術類應用嗎？不是的，真正的有道者不可能不懂術。修行中講：「修法不修術，法成萬術通。」所以修行天道自然之法的人，不會不懂術。

法術法術，有法就會有術，而且有道者會有很多術。但是由於他知道自見者不明、自是者不彰、自伐者無功、自矜者不長的道理，所以他會更加注意「顯術」會否影響事物而違背天道，招致規律的懲罰，並影響修行。

自古以來，修道中有一句話，是為：「大道不可以示人，示之失之。」從這句話來看，可見違背了天道規律的報應有多麼大！因此，真正的有道者，是有術而不用術，他會十分珍惜得之不易的，用生命中寶貴的光陰、刻苦的汗水和艱苦的歷程換來的修行成果。另外，在世間之中，還有很多有道者不恥於顯神通，因為修道中還有一句話，就是：「萬般神通皆小術，唯有空空是大道。」

踏踏實實的修行才是修道者應該具有的本質狀態，拋去狹隘的自私貪婪，淡化名利，看透世間的無常，珍惜人世間有限的時間，化開心性，修煉命功能量，使之返璞歸真，與道合一，與天地同在，創造自我身體在人世間最大的價值。

運用心性修行來指揮能量

有人問，修心養性時以身體坐禪，逐漸地使身體化空、達到忘我的境界，那麼坐禪及

使身體化空的狀態，是不是命功修煉呢？

從修煉命功的意義上來講，只有能量在身體中的修煉與運用，才是其唯一的標準；意識及其狀態可以指揮或影響能量，但是它並不是具體的能量（雖然在某種意義上來講，意識也是能量）。

能量是物質的，是具有客觀實在性的，沒有能量運化的狀態，是為「空禪」，空禪也可以使人心態平靜，忘去煩惱憂愁，屬於功態修煉，是性功範疇內的。雖然性功屬陽，陽中也含有陰，也就是說性功中也具有能量；但這樣能量的量級相對較小，或許只支持著坐禪時的功態。而單純的功態並不能具體運化能量，也不能促使身體的能量產生強大的作用，並不會徹底改變身體的本質，氣血也不能借助其產生良好的運行，在不良情況下，還是較易得病的。

另外，坐禪之中，功態沒有能量的映合，就會經常脫離境界，以至於坐禪時間很短，就再也難以入靜了。如果功態與能量（功力）運行結合起來，也就是屬於陽的功態與屬於陰的功力相互運化了，這樣的太極運化，才可以真正的進入境界，上升層次。

然而，世間有些人不修煉命功能量的運化，雖然他們心地非常善良，意志都很堅強，每日裡功課不斷，在人生的旅途中，或許也能起到延遲身體衰落的作用；但是如果沒有更深層次的能量衝擊調理身體，相對於真正的延年益壽，則有些欠缺，而對於大道修行，則更加不易了！

總之，修煉心性，運用心性修行的狀態來指揮能量，陰陽運化，性命雙修，祛除疾病，延年益壽，進而達到更好的合於天道自然，才是真正的修煉之道。

有鑒於此，古修道者們都是性命雙修的。比如我們的共同祖先黃帝，既順應天道治理

國家，又養護身體修煉元氣，並留下了醫學著作《黃帝內經》。雖然傳說《黃帝內經》是托黃帝名所著，但起碼說明了古代先人很早就重視調治身體，重視命功修煉。

修行者解道

由於《道德經》的問世，古代修道者們探究它的精髓，並在《道德經》的理論指導下，創立了很多修煉法門，並且門內相傳，逐漸形成了修煉的門派，並出現了道教，《道德經》則被尊為道教的聖典。在道教出現之前，修煉的理論與方法屬於道家學說；道教出現後，很多演化為道教之中的法門了。

然而，以符合於修道的思想來闡述《道德經》及其修行法門的解譯，卻是少之又少。老子是修道者，或許修道者理解與解譯《道德經》有可能更為深刻些。

《道德經》雖然字數較少，但是卻博大精深。古代修行者循道而修，不能精通其理時，並不能解道；當精通其理時，身與道合，無為處之，並不隨意言道。所以很少有修行者解道的文字流傳下來，就連《道德經》原本也是老子西出函谷關之時，縣令尹喜跪拜在地留住他，一定請他留下一部著作，才有了五千言《道德經》。

本人身為修道者，自幼跟隨塵空仙長修煉，轉瞬間已四十餘載。在研修《道德經》之餘，翻看了一些《道德經》的解譯。雖然解譯的水準都很高，社會大眾也受益良多，但是在涉及到修行的章節中，有的似乎沒能準確闡述出它的精華，有的似乎沒能指出它的修行法門，而這也正是《道德經》的最重要內涵之一。本人雖然修道尚淺，但是經過考慮再三，還是想為《道德經》的解譯盡些微薄之力，也為眾道友研讀《道德經》時多一點點參考。但是本人也並不能全部闡述出它的精華，或許有些章節的解譯只是於道近點而已。

什麼是《道德經》？

《道德經》裡所謂的「道」，就是表示宇宙大自然的發展變化規律及其根源；它存在於萬物之中，無所不有，無所不在，並蘊含在所有的時間與空間之中；古人用太極盤中的一陰一陽來表示「道」的運化規律。「德」字本身有幾種解釋。《道德經》中的「德」，一是指方法及行為，是順應自然規律的方法及行為，也是修道的方法及行為；二是指它同時也是道的體現。

道是在無形的運化著一切，德則是在表現著道的一切，是體與用的關係。如果沒有德，我們就不能如此形象地瞭解道的內涵，這就是德與道的關係。所謂「道德」的應用，就是所做的事情要符合於道，符合於大自然規律的運化，用一定的方法或行為（德）來順應宇宙自然規律，也就是常說的「順天則昌」。

古人將德用在修道上，就是人天合一，以期達到祛除疾病、延年益壽，乃至所期盼的長生不老、了脫生死的結果；同時，修道者們也追求使身體合於道，達到陽神離體、進入無窮無盡的宇宙多維空間；再進而使肉體達到散則為風、聚則成形的狀態，也就是修成《黃帝內經》中所說的與天地同在的上古真人，或者道教所說的可以羽化的、白日飛升的大羅神仙層次。在道家傳說中，記載了很多這樣有生無死、最後不知所踪的故事。比如老子就是這樣的例子，記載中老子就是西出函谷關不知所踪。

《道德經》中的「經」就是著作的意思，所謂《道德經》，就是用一定的方法、行為，使人順應自然規律、運用自然規律的著作。

《道德經》所闡述的內容有以下幾個方面：一是揭示自然規律，並使人們順應自然規律認知事物；二是讓人明白順應自然規律做事情的方法；三是使人們知道，順合於自然

規律可以修煉自己，從理論角度來講，可以得道成道，與道合一；四是修道有所成者、王者、聖人對世間法的應用。

《道德經》中的道德並無好壞之分，並不是社會中所講的具有好、壞性質的道德；《道德經》中的道德是：看事物是否順應了天道自然規律，順應了則昌盛、吉祥，違背了必然遭到懲罰。

符合自然規律，才是真的做好事

在社會上，做好事就是有道德，人人稱讚；做壞事就是沒道德，人人唾罵。在修道中則不然，要看其事物的本質。做所謂的好事不一定是好事，而做所謂的壞事也不一定是壞事。

比如一個將要餓死的人，有人看到後好心送他一鍋米飯，任其吃夠，那麼他極有可能撐死或噎死；如果只給他一碗米粥，漸漸進食，才是符合於他的身體狀況，這才是符合於自然規律的做好事，反之，是做壞事。

一個筋骨受傷損壞的人，本來可以起來吃飯，但是做好事的人怕他起床痛苦，每次都要把飯拿至床前餵給他吃，久而久之，受傷的筋骨順應疾病的狀態長死了，人也就永遠躺在床上不能起來了。所以，做這樣的好事並不是好事，做好事之前就要看其前因後果，以免濫做好事，產生惡果，害人害己。

社會上經常有人說好人不長命，做了一輩子好事，卻早早離世。其實這觀點是值得商榷的。因為如果真正的順應自然規律做好事，是一定會有好的資訊回饋的，也就是會有好報應的，好報應中就包括延壽，也可以說順天則昌。

有些非常非常好的好人，做了很多所謂的好事，但其實並不都是好事，有很多反而是壞事，這樣怎麼能得到天道自然規律好的回報呢？如果做的這些事情不符合天道自然規律，反而會受到懲罰。天道規律是無情的，不論好人和壞人，規律面前人人平等，所以，做好事要整體的、客觀的看待事物，不能濫做所謂的好事；如果做了真正的好事，也確實可以得到自然規律的良好資訊回饋。只有明白自然規律的運化，才會知道事物的整體趨勢，得捨明瞭，所做事情合於天道，才是真的做好事。

平衡捨與得，才是正因正果

捨與得是平衡的，好的付出也必然會得到好的回報，這是正因正果。有人問，既然捨與得是平衡的，坑蒙拐騙也付出了心力，彎腰撿錢也付出了力氣，這樣的捨與得會怎麼樣？這樣的因是邪因，得到的果也是邪果。這樣的邪因種下去，就會得到不好的資訊回饋，產生災難，會把得到的損失掉；也或者出現大病、災禍等。得到邪果，並不會真正享受到得來的財富。

從因果上講，哪怕是地上撿到的錢也不能花，因為沒有付出，這些都是自然規律的本質特性，更是修道者的大忌。因為修道者要得到宇宙大自然無窮無盡的能量資訊，如果過於執著有形的貪求，不僅永遠不得大道，而且會產生疾病、災難等。

在社會上，有時會聽人講，某人得了因果病，也有人說某人善治因果病。那麼，因果病能治嗎？從得捨的理論可以看得出來，因果是自己的行為，出現的果是天道自然規律的體現。比如一個長期在粉塵彌漫的空間生活的人，任你怎麼樣治療，如果自己不離開這樣的環境，這個病就永遠好不了。所以，因果病是不能強治的，只能靠自己化解，或者依靠

懂得這個道理的導師幫助下自己化解。承受並化解不好的果，種下當前的好因，必然順天則昌，得到以後的好果。

要循天道增強自己的能量，要改變自己不好的行為，建立良好的生活環境與習慣，去除壓抑的心理，順天道進行捨善，捨棄自己內心中最貪得的東西：貪酒則捨酒，貪色則捨色，貪賭則捨賭，貪財則捨財。

所謂《道德經》中講的「多藏必厚亡」，你讓好的東西多起來，必然要捨去壞的東西；你讓身體健康起來，必然要捨去你內心的煩惱、欲望、貪求，這也是順合於天道的方法。如果再能合於自然的修行，在天道自然的「無」中會化生出對應性的「有」，這「有」也正是與果相合的陰陽，這樣一切都解了，什麼絕症、疑難症都不存在了。

世間沒有治不了的病，只有沒有找到的方法，方法找到了，一切迎刃而解。宇宙中什麼方法都有，但是所有的方法根源都蘊含在「無」中，無中可以生有，在修道的「無」中找則是其根本。

什麼是真功德？

如果修道者以合於自然規律的法則去做一些好事，那是功德嗎？

功德中的功就是功夫、能量，其中的德是指著行為方法，功德其實就是修煉的行為方法。如果是修道者，以不貪求的、不求回報的順應自然做好事，會得到大自然的能量資訊加持，確實是修行方法之一，是功德。但是以有心的、貪求的有為法，為了求得大自然的加持而去做好事，就不會得到相應的能量資訊。因為在有為的貪求中，只會得到狹窄的資訊，甚至邪果；只有在無為的狀態中，合於天道做出的事情，才會得到無窮無盡的能量資

訊。隨著你不斷地做出合於自然規律的事情，你的能量量級就會不斷增加，修煉的道路就會越來越順，事半功倍。

那麼，如果不修煉能量，只做好事，是功德嗎？

那不是真功德，缺失命功修煉，得到的好資訊並沒有用在修煉上，產生不了修煉的能量場，與修煉無關，只會得到福報。當然在世間來講，福報也是很好的，所以多順應天道規律做好事，越多越好；然而，如果做好事勉強往修煉上套，充其量只能算性功修行的一部分。古人講：只修性不修命，萬劫陰靈難入聖，那麼它對修煉結果也起不到多大作用的。

梁武帝修建廟宇，做了很多有利於佛教發展的好事，問達摩祖師他有沒有功德，達摩祖師回答說沒有功德。達摩祖師原本也是看能否度化梁武帝，看梁武帝能否參悟到什麼是真正的功德，但梁武帝卻不是道中人，所以並不理解。達摩祖師所論的功德，也就是講修煉的方法與行為境界，只有修煉的人，順應天道做事，才會獲得天道資訊的能量加持，才是真正的功德；它是修煉的法門之一，不修煉的人是做不出真功德的，把功德套在不修煉的人身上，就是張冠李戴。於是，達摩祖師回答梁武帝「什麼是真功德」時講到：淨智妙圓，體自空寂，如是功德，不以世求。

劉金勝　二〇一四年一月一日寫於深圳

第一章

道，可道，非常道；名，可名，非常名。無名，天地之始；有名，萬物之母。故常無欲以觀其妙；常有欲以觀其徼。此兩者同出而異名，同謂之玄，玄之又玄，眾妙之門。

宇宙大自然及其運化規律就是道，人們可以認知宇宙大自然，運用其規律，宇宙中所有的事物都是運動著的，不是永久不變的；萬物的起源就是「有」的開始，出現了「有」，就可以將其命名，但「有」也不是永久不變的。萬物的本源是無名的，它也是天地最原始的根源；當給它命名了之後，就有了揭示萬物演化的程式。所以我們要用沒命名之前的狀態，也即無窮無盡、無限廣闊的修為境界，去追溯宇宙的無名本源運化；要用有為的意境去觀察，揭示命名了以後的、有序的事物精微變化狀況。

「妙」和「徼」這兩者都由宇宙本源而出，但是為了表示它的規律與程式，所以名稱並不相同，而對它的整體卻可以共同稱之為「玄」。當事物的本源與變化和另外事物（或另外空間）的本源與變化產生融合與裂變的時候，就是產生萬物的總根源。

注：漢代爲避文帝（劉恆）的諱，才改「恆」爲「常」。

1. **道，可道，非常道。**

【譯文】宇宙大自然及其運化規律就是道，人們可以認知宇宙大自然，運用其規律，宇宙中所有的事物都是運動著的，不是永久不變的。

【解析】「道，可道」就是：任何人都可以遵循著自然規律做事情，包括修煉自己的身體、與大自然合一，每個人都可以順應規律、運用規律。而「非常道」中的「常」原本是「恆」字，「非常道」就是：規律是可以演化的，不是一成不變的，要以變化的思想看待道。

2. **名，可名，非常名。**

【譯文】萬物的起源就是「有」的開始，出現了「有」，就可以將其命名，但「有」也不是永久不變的。

【解析】我們要明白「道」所運化的萬物，就要給其命名，因為這樣才可以有序的揭示道的規律，進而應用它。而「非常名」中的「常」也是「恆」字，「非常名」就是：名也是可以變化的，不是永恆不變的。例如命名了人以後，就產生了男人、女人、高人、矮人、胖人、瘦人等等以人為本質的變化名詞。

3. **無名，天地之始；有名，萬物之母。**

【譯文】萬物的本質根源是無名的，它也是天地最原始的根源；當給它命名了之後，就有了揭示萬物演化的程式。

【解析】一切事物都是在「道」中的，道是無窮無盡的，無名的，它創造了天地。當給事物命名了之後，向後演化的無窮無盡的事物就都有了自己的專用名稱。由於有了原始的命名，才有了以後各種名稱的演化，所以原始者被稱為萬物之母。

4. 故常無欲以觀其妙(1)；常有欲以觀其徼(2)。

【譯文】所以我們要用沒命名之前的狀態，也即無窮無盡、無限廣闊的修為境界，去追溯宇宙的無名本源運化；要用有為的意境去觀察，揭示命名了以後的、有序的事物精微變化狀況。

【解析】宇宙本源（也即道的本源）是無窮無盡的，它無限深遠、無限寬廣。只有用像宇宙一樣無限寬闊的、大得似乎沒有邊際的、其大無外的，而又似乎什麼也沒有的修為狀態，應和於「道」的本源，感應著、追溯著「道」的無窮無盡的過去，這種狀態即為「無欲以觀其妙」，是無為而至的狀態，為無欲，為「無」，可以用太極盤中的陽魚表示。

以仔細觀察的心態來看待事物無窮盡的，以至於小之又小、小中有小、其小無內的演化發展的精妙變化規律，這種狀態即為「有欲以觀其徼」，我們可以稱其為有欲，為「有」，可以用太極盤中的陰魚表示。

5. 此兩者同出而異名，同謂之玄。

【譯文】「妙」和「徼」這兩者都由宇宙本源而出，但是為了表示它的規律與程式，所以名稱並不相同，而對它的整體卻可以共同稱之為「玄」。

(1)妙：宇宙的無名本源運化。

(2)徼：數量詞，中國古代以水流斷面積計算流量時採用的單位，即以水流斷面一平方尺爲一徼。在本章中，徼表示事物發展的具有數量性質的精妙變化。

【解析】道的本源（無）與事物向後發展的精妙變化（有），這兩個方面共同來自於「道」，雖然同出於道，但是一個是無，另一個是有，所以性質並不相同，名稱也不能相同，但它們共同稱之為「玄」。

6. 玄之又玄，眾妙之門。

【譯文】當事物的本源與變化和另外事物（或另外空間）的本源與變化產生融合與裂變的時候，就是產生萬物的總根源。

【解析】如果含有「有」與「無」的「玄」用太極來表示，那麼「有」與「無」就是太極盤上的陰魚和陽魚，太極的運化就是「玄」的運化。當它們靜止不變時為陰陽相持；當它們運動時為陰陽運化；當它們運動、混元至靜止不動時，即為由有至無的過程。其結果即為「空」、為「零」、為無極、為非空之空。

規律不是一成不變的，空間是無窮無盡的，當一個相對空間的玄和另外一個空間的玄，以至於無數空間的玄產生相形的力的時候，即玄之又玄。尤其是在玄混元後，處在靜止為「空」為「零」為無極之時（這時的空、零，皆為非空之空、非零之零），和另一個出於同等條件下的玄，產生玄之又玄的作用力時，宇宙將發生巨大的變化，會產生無數的裂變和組合，演化為無窮無盡的宇宙空間、無窮無盡的事物，即眾妙之門。

運用法門

《道德經》的第一章是最為重要的，是重中之重，它闡述了無名至有名的天地萬物演化，以及玄之又玄的萬物化生法則。並使人明白了運用「有」和「無」的法門，來修行天道自然中的「妙」和「徼」，進而達到「無為而無不為」的道的本源狀態，與道合一，不生不滅，無始無終。

古代修道者根據本章演化出了很多修煉方法，其中有的演化理論就是：修煉者用有和無的方法，順應宇宙大自然規律，修煉自己的身體；以自己的身體為小宇宙，充分與宇宙資訊相溶合，進而轉化自己的身體；並且由肉身的「有」修至與道相合的「無」的過程，返歸宇宙之根，與道合一。

在這過程中，促使有形的肉體與身體對應的無形資訊能量相溶，達到為「空」為「零」的無極狀態；無極再裂象，使人的陽神脫離肉身而達到進入其他空間的目的，這樣就產生了道家得道成仙的理論之一。這時進入了多維空間，也就會更好的認知宇宙空間，包括宗教裡面所形容的空間，而認知和進入空間的多少，則取決於陽神品質的狀況。

當達到出陽神這一層次時，就是古人講的已經脫胎換骨了，也就是脫去凡胎換為仙骨，按宗教來講就是進入仙位了。但是，雖然經過了很多年的修煉才達到這個層次，可這還是屬於初級仙位；在古代修煉者看來，這個狀態剛剛步入陽神離體，陽神的品質還達不到進入更深層次的空間，於是繼續修煉，以期達到陽神的高品質層次，盼望身體可以修成散則為風、聚則成形，達到《黃帝內經》中所說的上古真人與天地同壽的境界。

道家的理論與目的，本人不想評判，但是古代流傳下來的修煉方法，經過千百年來的實踐，確使眾人獲益良多。下面為讀者介紹一下古《通靈丹經》中「太極通靈圈」的修習方法，這個修習方法就是《道德經》第一章理論的應用。

《通靈丹經》在古代是內傳的，之所以內傳，是因為有一些修煉涉及術數的內容，心術不正的人學會後會害人害己。但是也有一些是與天道自然相合，修煉能量養護身體、祛除疾病進而提高層次的，這類的修習方法可以大量傳播，造福社會大眾，其中的「太極通靈圈」就是這一類。

古人修習它的最終目的，是為了達到上古真人的層次，其中講究「命必師傳，性由自悟」，由師父加持傳承能量；雖然在書中的文字之中不能命必師傳，但是照此法鍛鍊，祛除疾病、益壽延年應該還是很有效果的。

太極通靈圈中的「通靈」是什麼意思呢？

所謂的「靈」，就是代表陰陽運化之根的意思，為無極，為玄。當靈與靈產生反應時，也即「肯定之肯定」或「否定之否定」，也即「玄之又玄」，也即「無為而無不為」，也即「無中生萬物，為萬物之根」。人進入無為狀態，與天地相合、與道相合、與宇宙之本源相合，那麼就是與天地同在。有形的肉體與無形的大自然能量充分相溶，而後湮滅，達到散則為風、聚則成形的狀態，那麼他就達到了與天地同壽的目地了。

太極通靈圈中的「通」就是方法，用什麼方法呢？就是太極通靈圈中太極的方法。太極中有陰陽，陰陽要充分的運化，所以修煉陰陽及陰陽運化，才可以上升層次，進入更高的功態。

★太極通靈圈修習方法

（實際操作請看影片）

一、預備式

雙腳分開，大約與肩同寬，全身放鬆站立於地面。

【念力】要有一種頭頂藍天，腳踏大地的氣勢，
再想到與天地合一，進而化為空無。

二、收攝天陽之氣

右腳向後畫半圓，左腳再向後畫半圓，右腳向順時針方向趟出，形成圓圈行走。同時，雙手由身體兩側抬起，至頭頂上方，雙手抱球，順時針行走八圈後再反時針行走八圈。（見下頁圖）

【念力】想像雙手中圓球收攝光明的天陽之氣進入身體，意識要輕輕的，不收之收。

【要領】雙腳要輕輕趟著地行走，就是所謂的趟泥步，行走時雙腿要輕輕的擦到，所謂的剪刀腿。鬆腰、坐胯、目視前方，但要有視而不見的狀態。

雙腳分開，與肩同寬，全身放鬆站立。

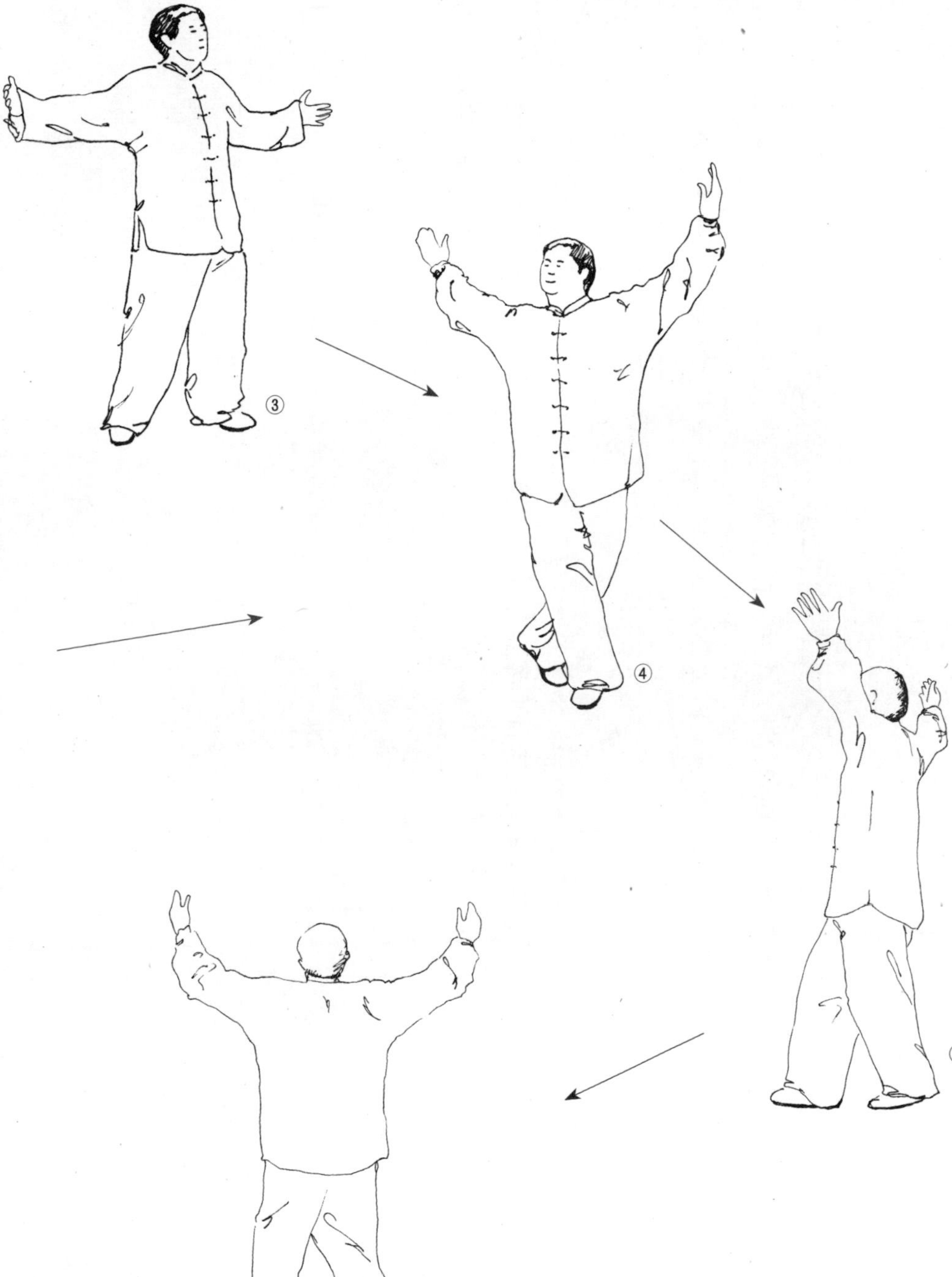
③
④
⑤
⑥

① 右腳向後畫半圓。
②③ 左腳再向後畫半圓。
④~⑧ 右腳向順時針方向趟出，形成圓圈行走。同時，雙手由身體兩側抬起，至頭頂上方，雙手抱球，順時針行走八圈後再反時針行走八圈。

【功理】

1. 當身體頭頂藍天，腳踏大地，並想到與天地合一時，即是與道相合，即「道可道」；當走圈時體會能量場的變化時，即「非常道」。非常道中的「常」本來是「恆」字，所以也就是：不是不變的道，也就是道是變化的，那麼走圈時的能量場也是不斷變化的。當體會能量場的變化時，也就是宇宙中的能量資訊與身體映合在一起的精微變化，也即「常有欲以觀其徼」；當進而身體狀態轟然化為空無時，即映合了宇宙之根的本源，也即「常無欲以觀其妙」。

2. 身體左右分陰陽，當左右腳交替行走時，即身體的陰陽運化。

3. 雙腳各畫半圓，當半圓相交時，形成一個X線，圍繞著X線行走，就形成了太極的陰陽運化。當陰陽充分運化到混元時，為空、為零、為無極。

4. 收攝天陽之氣以增強身體的陽性能量，並扶正陽氣，祛除身體中由於陽氣不足產生的疾病，即可扶正陽邪亢進產生的疾病，比如心肝及內臟各種毒火等。

三、收攝地陰之氣

反時針行走八圈後，再轉身順時針行走。在順時針行走的同時，雙手由原本的在頭頂上方抱球，變為雙手下降；下降至腹部時，雙手手掌向下，左右手拇指與中指各自相接，呈環形，其餘手指自然放鬆。順時針行走八圈後，再反時針行走八圈。

雙手下降至腹部，手掌向下。

【念力】想像收攝渾厚的地陰之氣，意識要輕輕的，不收之收。

【要領】手臂要鬆，要輕輕體會、想像雙手中收攝大地的渾厚能量，由下面雙腳、雙腿、手臂進入身體。

【功理】收攝地陰之氣以增強身體的純正陰性能量，祛除身體中由於陰氣不足所產生的疾病，並治療陰氣所致的疾病。比如胃寒、腹寒，寒性關節炎及各種寒毒等。

四、陰陽混元

反時針行走八圈後，再轉身順時針行走。在順時針行走的同時，雙手上升至胸部抱圓，掌心向內，左右手拇指與食指各自相接，呈環形，其餘手指相對。順時針行走八圈後，再反時針行走八圈。

【念力】想像收攝的天陽之氣與地陰之氣在身體中充分地混元在一起，而後全身化空。

【要領】雙手及手臂要抱圓，要輕輕體會陰陽能量在身體中混元在一起，而後全身化空。

【功理】身體中的純正陰陽之氣充分的混元在一起，身體化空，即歸於宇宙之根，回歸於先天本源，也就是與道相合。

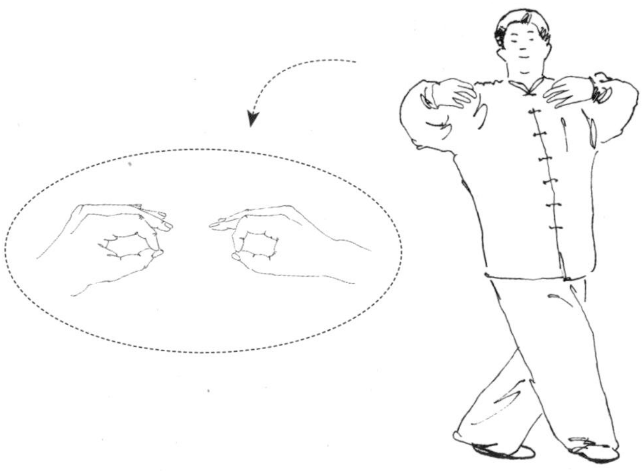

雙手上升至胸部抱圓，掌心向內，左右手拇指與食指各自相接，呈環形，其餘手指相對。

五、收勢

雙手搓熱、摩擦面部、十指乾梳頭、再由頭部輕輕向下拍打，直到拍打全身。

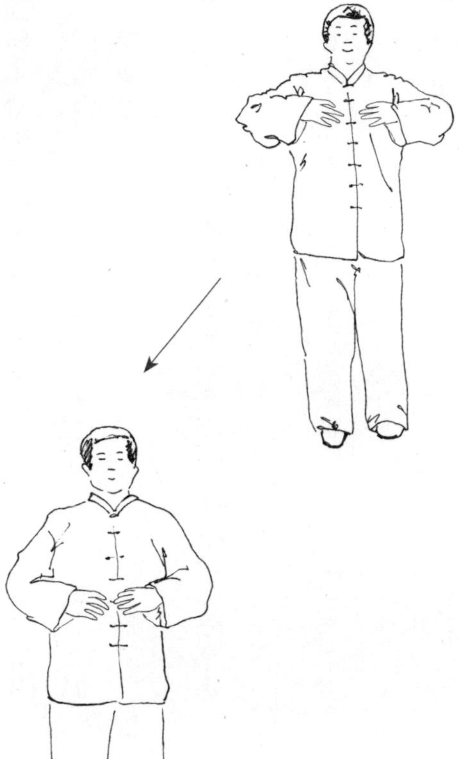

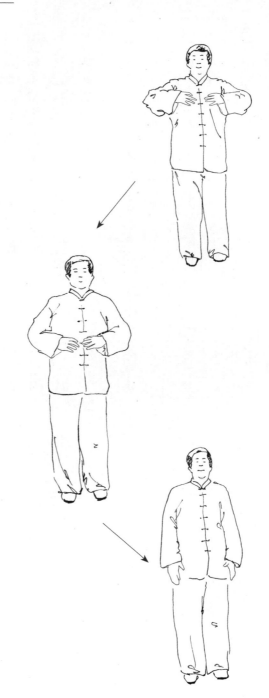

收勢前

收勢：雙手搓熱、摩擦面部、十指乾梳頭、
再由頭部輕輕向下拍打，直到拍打全身。

★太極通靈圈功理

雙腳交替走圈及起式是陰陽運化，當充分混元後即為無極，為玄；雙手收攝天陽之氣與地陰之氣到混元為無極，為另一個玄。當雙腳運化出的玄與身體收攝至混元而運化出的另一個玄產生作用時，即無極對無極，也就是肯定之肯定或否定之否定，也就是玄之又玄；這時會由湮滅產生裂變，也就是無極而太極，進而演化為萬物，也就是眾妙之門。這就是所謂的「玄之又玄，眾妙之門」。

在這種功態中，身體會由不正常的（或疾病的）陰陽之中，湮滅、裂象到合於天道的重新組合，身體細胞也必然由不正常的狀態改變為最順應自然的、合於天道的狀態。順天則昌，經過一遍又一遍的湮滅、裂象、重新組合，那時所有的疾病將消除，你的身體將變為最好的身體，健康、長壽，身心快樂！

所以，有疾病不要怕，世間沒有治不了的病，關鍵是找到好的治療方法，一把鑰匙開一把鎖，方法找到了，對症治療，則沒有治不好的病。

循天機而起，即可改天機而行，也就是順應天道自然修行自己，就可以改變原本所謂不好的命運。古修道者講「我命在我不在天」，說的就是這個道理。

第二章

天下皆知美之為美，斯惡已；皆知善之為善，斯不善已。故有無相生，難易相成，長短相形，高下相傾，音聲相和，前後相隨。恆也！是以聖人處無為之事，行不言之教。萬物作焉而弗始，生而弗有，為而弗恃，功成而弗居。夫唯弗居，是以不去。

眾人都知道事情的好處，而強行的、為了好處而追求好處，這是不好的；都知道善良是好的，但強行追求善良時，就不是善良了。因為有和無是相生的；困難的和簡單的是相輔相成的；長和短是形影不離的；高處和下面是相對應的；音和聲是相合在一起的；有前面走的就有後面相隨的。這是永恆的自然規律啊！所以聖人做順其自然的事情，並不以主觀的言語說教別人。萬物運化並不間斷，沒有絕對的開始。聖人對產生的事物並不占有，運化事物也並不把持著事物，對於運化成功的成果也並不占居功勞。正是因為無私，所以才會長久。

1. 天下[1]皆知美之為美，斯惡[2]已；皆知善[3]之為善，斯不善已。

【譯文】眾人都知道事情的好處，而強行的、為了好處而追求好處，這是不好的；都知道善良是好的，但強行追求善良時，就不是善良了。

【解析】當人們知道了事情的好處後，會急功近利、強行追求，但是急功近利的結果，往往應了常說的「求之不得」，所以多數情況下是不會獲得的。因為這樣的行為違背了自然規律，自然規律是寬闊而無私的，但急功近利卻是狹窄而自私的。急功近利也是修道者的大忌，當修道者為了修道而強行做順合於天道的事情，就不會真的合於道了。所謂不追之追，才合於道。

2. 故有無相生；難易相成；長短相形；高下相傾；音聲相和；前後相隨。恆也！

【譯文】因為有和無是相生的；困難的和簡單的是相輔相成的；長和短是形影不離的；高處和下面是相對應的；音和聲是合在一起的；有前面走的就有後面相隨的。這是永恆的自然規律啊！

【解析】道的自然規律是相對的，有和無、困難和簡單、長和短、高和下、音和聲、前和後都是相對的，這就是永遠不會改變的自然規律。

(1)天下：天下眾人。
(2)惡：不好的、不符合於道的規律。
(3)善：善良的、吉祥的、美好的。主要表現爲具有主觀能動性的心理意識及行爲。善與德的主要區別是：善具有意識的主觀能動性，而德則是客觀的，無所不在的，不受心性的引導與制約，與心理意識的嚮往無關。
注：符合於天道自然規律的意識、行爲或狀態，本書將其命名爲「合於道」。

如果把有和無這一對不可分割的矛盾體看作太極的形式，將有作為陰，將無作為陽，陰陽的規律是異性相吸、同性排斥，也就是處於陽的位置時可獲得陰，處於陰的位置時可獲得陽。反之，處於陽的位置時，與其他的陽是排斥的；處於陰的位置時，與其他的陰也是排斥的。執意貪求有，就不會獲得有，得到的是無，越求越得不到。反之，無中卻可以獲得有。

3. 是以聖人[1]處無為之事，行不言之教。

【譯文】所以聖人做順其自然的事情，並不以主觀的言語說教別人。

【解析】所以賢明的聖人、修道者以自然規律爲基礎，順勢引導，啓迪教化，不會強行的做一些自以爲是的事情。

古代將修道的人分爲真人、至人、聖人、賢人。真人是得道修成的人，不行世間法；至人是雖然還沒有達到真人的層次，但是也脫離了世間法，以真人爲目標修行的人；聖人是既有脫離於世俗的修爲，而又合於道、運用世間法的人；賢人也是合於道修行的人，但是偏重於世間法的應用。

真人	得道修成的人，不行世間法。
至人	雖然還沒有達到真人的層次，但是也脫離了世間法，以真人為目標修行的人。
聖人	既有脫離世俗的修為，而又合於道、運用世間法的人。
賢人	也是合於道修行的人，但是偏重於世間法的應用。

(1)聖人：即可合於道應用世間法，又是可以脫離於世俗而修煉的人。《道德經》中的聖人、王是同一個意思，都屬於修道者。王是承載於天下大眾的，他的修爲狀態與天道自然相合，秉承天意，號稱天子，順天道而行世間法，其行爲與聖人相近。

4. 萬物作焉而弗始(1)，生而弗有(2)，為而弗恃(3)，功成而弗居(4)。夫唯弗居，是以不去。

(1)弗始：沒有開始。
(2)弗有：不占有。
(3)弗恃：不持著、不把持。
(4)弗居：不居功。

【譯文】萬物運化並不間斷，沒有絕對的開始。聖人對產生的事物並不占有，運化事物也並不把持著事物，對於運化成功的成果也並不占居功勞。正是因爲無私，所以才會長久。

【解析】萬物的運化是連綿不斷的，不可分割的，從化生、成長到結果，然後再轉入另一個事物進行循環。修道人順應著萬物的自然規律而修行自己，則會長久。如果用狹窄、貪求的心態使事物割裂，達到自己的私心目的，那樣就不會與連綿不斷的自然規律相合，孤立、狹隘的結果，最後必然導致滅亡。

運用法門

本章使人們認識事物的陰陽對立統一、不可分割的特性，要以大局觀看待事物的變化，不自私的干涉事物，不強為做事。修道者要運用、遵循自然規律修煉自己。

人們在修道的初期，往往會產生貪功、妄想，甚至追求術數的心理，那麼就會使自我的狀態狹窄，割裂了道的自然性，不能真正的入道。所謂萬般神通皆小術，唯有空空是大道。

第三章

不尚賢，使民不爭；不貴難得之貨，使民不為盜；不見可欲，使民心不亂。是以聖人之治，虛其心，實其腹；弱其志，強其骨。常使民無知無欲，使夫智者不敢為也。為無為，則無不治。

思想中不羨慕賢能的人，就不會強行驅使身體達到賢能人的能力；思想中不認為難得的物品珍貴，就不會使身體產生偷盜的行為；思想中沒有貪求的欲念，就不會擾亂身心。

所以聖人對自我修煉的法則是：心要虛空，而能量則要實實在在的修煉出來。要弱化自己的追求目標，但是卻要強壯筋骨。經常使全身處於放鬆、沒有貪求的狀態之中，使投機取巧的心念不會出現，這就會使身心常常處於與道相合的無為狀態中，就自然會調理全身，不會出現與道不合的狀態。

1. 不尚賢(1)，使民(2)不爭；不貴難得之貨，使民不為盜；不見可欲(3)，使民心不亂。

【譯文】思想中不羨慕賢能的人，就不會強行驅使身體達到賢能人的能力；思想中不認為難得的物品珍貴，就不會使身體產生偷盜的行為；思想中沒有貪求的欲念，就不會擾亂身心。

【解析】思想中不羨慕賢能的人，這裡的賢能是指具有比常人強的能力的人，而超強的能力則是世間很多人喜歡追求的。這裡以修道做個比喻：如果修道的人不推崇追求超能力，也可以說不尚賢，只有這樣，才不會迫使身體強行修煉超出自己本質的能力；從道法來講，也不會去追求所謂的人體特異功能，那麼就不會出偏乃至走火入魔。

思想中不認爲難得的物品珍貴，就不會使身體產生偷盜的行爲。在修道者看來，世間的很多事物都已經看透了、看淡了，對各種奇珍異寶已經不感興趣了，更不會使身體行爲產生偷盜的衝動；唯有無窮無盡的道，及道的空間中各種神祕的資訊反應和現象，還深深地吸引著自己，認爲那些才是珍貴的東西。但是，那也是不可執著的，如果執著，就會使身體產生追求神祕現象的狀態，這是修煉中的忌諱，因爲這會使人產生偏差，不合於道。所以，一定注意不要使自己產生窺望其他空間資訊圖像的欲望，這也是使民不爲盜。

思想中沒有貪求的欲念，就不會擾亂身心。在修煉中，要拋去貪求的欲念，因爲只有這樣，心神才會安定，在無爲的狀態中，才能與無窮無盡的、空空的大道相合，才能返歸宇宙之根。

(1)賢：合於道修行的人，或賢能、能力強的人。
(2)民：身體。
(3)可欲：貪求的欲念。

2. 是以聖人之治，虛其心，實其腹；弱其志，強其骨。

【譯文】所以聖人對自我修煉的法則是：心要虛空，而能量則要實實在在的修煉出來。要弱化自己的追求目標，但是卻要強壯筋骨。

【解析】懂得順應天道的人，他的修煉方法則是把心態化空，使自我的狀態，也就是功態合於道，這種狀態是屬於心性之中的性功修行方法。但是修煉講究的是性命雙修，太極要有陰陽才能運化，而命功修行則是實實在在的能量修煉，所以「實其腹」就是要使能量充實在自己的身體內。

修道的人不能像做某些工作的人一樣，每天有著極端高昂的意志，天天喊著想當富豪的口號，意想著後面宏偉的藍圖。而修道的特點是求之不得，越求越得不到，因為自我有形的「有」，永遠不能與道無形的「無」全面相合，所以要弱化目標，弱化到只知道終極目標是什麼即可；而平常並不會總是想起這個目標，但是每日裡卻是要堅持的，踏踏實實的，一步一個腳印的修煉，不斷前進，提高層次，這就是「強其骨」。

3. 常使民無知無欲，使夫智[(1)]者不敢為也。為無為，則無不治。

【譯文】經常使全身處於放鬆、沒有貪求的狀態之中，使投機取巧的心念不會出現，這就會使身心常常處於與道相合的無為狀態中，就自然會調理全身，不會出現與道不合的狀態。

(1)智：伎倆、投機取巧的念頭。

【解析】在修道的過程中，與道相合的身心是沒有貪欲的，沒有貪欲就不會有妄想之心，沒有妄想之心就不會悲喜、恐懼擾亂心神，也不會貪戀萬物而產生煩惱，即可以隨時放下萬物，更不會用伎倆、投機的心態去獲取萬物。這時的心態則心靜如水，不起漣漪，漸漸地化空自我，進入忘物、忘我、物我兩忘的非空之空的無為境界，全身的資訊能量與大自然相合，與道相合。道是天地的根，與道相合即是與天地同在，全身會自然得到調理，消除疾病，氣運旺盛，沒有災難，也即順天則昌。

運用法門

本章中講的內容可以應用在治理社會與修道狀態兩個方面，這兩個方面是相通的。以修道者的角度講，從本章整體內涵來看，用身體的修道行為來解譯，似乎更為合理與實用。其中要求修道者要拋去貪得的欲望及不正常的投機取巧心理，踏實的修煉。捨棄了心中的雜念，自然清靜無為。進入了無為的狀態，自然與道相合。另外，本章中的「民」既可以解為修道者的身體，又可解讀為世間民眾。因為修行身體與治理國家是相通的。以本章的綜合情況看，解為修道者的身體較為合適。

第四章

道沖而用之或不盈，淵兮似萬物之宗。挫其銳，解其紛，和其光，同其塵。湛兮似或存，吾不知誰之子，象帝之先。

在道中，所有的事物都是無窮無盡的，是取之不盡、用之不完的。道是無窮無盡的深遠，深遠地似乎是所有事物的根源。在道之中，任何尖銳的事物都會被消磨；任何紛亂繁雜的事物都變得簡單；各種光色融合在一起；所有事物最微小的本源是相同的。精湛的、銳利的、有為的，與之相對應的柔和的、淳樸的、無為的，混元在一起，似有似無的共同存在著。我不知道這種現象到底是誰使它產生的，但是在很早之前，在最初的出現「有」的現象之前，就已經產生了。

1. 道沖[1]而用之或不盈[2]，淵兮似萬物之宗。

【譯文】在道中，所有的事物都是無窮無盡的，是取之不盡、用之不完的。道是無窮無盡的深遠，深遠地似乎是所有事物的根源。

【解析】道是無窮無盡的，它包含了所有的事物，而沒有盡頭；因為所有的事物都是在道之中的，所以也沒有得與失，只有取之不盡、用之不完。道是天地萬物的根源，但是又為什麼要用「似乎是萬物之宗」呢？因為天地最早形成的時候沒有任何人能說得清楚；即使說得清楚天地形成的時間、地點、情形，而天地之根的根是什麼時候形成的，又是說不清楚的。因為這是無窮無盡的，所以只能說它深遠地似乎是萬物的根源，但是它也確實就是萬物的根源。

2. 挫其銳，解其紛，和其光，同其塵。

【譯文】在道之中，任何尖銳的事物都會被消磨；任何紛亂繁雜的事物都變得簡單；各種光色融合在一起；所有事物最微小的本源是相同的。

【解析】道中是無所不有的，它包含著所有的事物，既包含著事物屬於陰性的一方面，又包含著屬於陽性的一方面。所以在道中最銳利的一方，也存在著最柔的、完全可以克制著最銳利的一方，銳利也就被化解了，不成其銳利了。同比，再紛亂繁雜的事物，也同樣有其對應化解的一方面，事物也就變得簡明了，不再繁雜了；所有的光色融合在一起，所有的事物微小本源（包括資訊）是相同的，它們融合在一起，遍布在道的所有空間、角落，無所不有，無所不在。

(1)道沖：「沖」通「中」字，大道之中。
(2)不盈：不會不盈餘，無窮無盡的意思。

3. 湛兮似或存，吾不知誰之子，象帝[1]之先。

【譯文】精湛的、銳利的、有為的，與之相對應的柔和的、淳樸的、無為的，混元在一起，似有似無的共同存在著。我不知道這種現象到底是誰使它產生的，但是在很早之前，在最初的出現「有」的現象之前，就已經產生了。

【解析】道中所有的事物充分地融合在一起，有時也會似乎顯象出精湛的、銳利的、有為的特性；但是當仔細地找一找它具體的事物時，它似乎又不存在了，因為它在道中不斷的混元運化，時有時無又千變萬化。在陰陽未分之前，是不顯現具體事物的。所以只有合於道，順應自然，運化陰陽，才可以應用陰陽，把握事物。道的自然演化現象是無窮無盡的，同時也永遠找不到它的根源，也只能勉強地說，在宇宙中「有」的現象出現之前就已經存在了。

[1] 象帝：最早的「有」的現象。

運用法門

本章講的是道的內在特性，需要修道者認清道的本質。在道中是無所不有的，既有事物的一面，又有對立面，既對立又統一。所以在道中沒有解不開的難題，只要你進入道中，合於道，就可以運化陰陽，把握事物。

比如疾病，現在醫學治不了的疑難雜症很多。其實，世間沒有治不了的病，之所以治不了，不外乎沒有找到方法，找到方法一切疾病皆可治療。就好比肺結核病，在一九四四年之前就相當於現在的癌症，是不可治癒的，一九四四年以後發明了鏈黴素等抗結核藥，才可以治癒。

一把鑰匙開一把鎖，沒有鑰匙是打不開這把鎖的。那麼，把自己身體帶入道中，合於道的修煉，就可以找到這把鑰匙，所謂的絕症也即迎刃而解。

在修煉中，使自己身體充分的與大自然融合，進入其大無外、其小無內的狀態，我即宇宙、宇宙即我，在這狀態中，自然會化生出針對治療身體疾病的能量資訊；久而久之的修煉，隨著這種資訊不斷地映合、湮滅病區，疾病就會漸漸地減輕，直至痊癒。

第五章

天地不仁，以萬物為芻狗。聖人不仁，以百姓為芻狗。天地之間，其猶橐籥乎，虛而不屈，動而愈出。多言數窮，不如守中。

天地是沒有偏愛某種事物的仁慈之心的，它看待萬物就像看待祭祀用的草狗一樣。聖人也是沒有偏愛之心的，它看待百姓就像看待祭祀用的草狗一樣。天地之間運化的狀態，就像鼓風的器具一樣，不使用的時候，雖然看起來裡面是空的，但實質上裡面還是有物的；使用起來以後，鼓動的越多越快，風出的則越多。話說多了以後，就沒有變數了，不如適可而止。

1. 天地不仁，以萬物為芻狗(1)。

【譯文】天地是沒有偏愛某種事物的仁慈之心的，它看待萬物就像看待祭祀用的草狗一樣。

【解析】天地是沒有狹隘之心的，它並不會根據自己的喜好、厭惡而去影響萬物，它不會干涉萬物的自然生長變化規律；它看待萬物是非常客觀的，就像看待人們祭祀用的草狗一樣，任其隨著自然而變化。也正是不以自我的喜好干涉萬物，萬物才可以以最順應自然規律的狀態而生生化化。

(1)芻狗：古代祭祀用的草狗。

2. 聖人不仁，以百姓為芻狗。

【譯文】聖人也是沒有偏愛之心的，它看待百姓就像看待人們祭祀用的草狗一樣。

【解析】聖人是順應天地自然修煉自己的人，所以是遵從天道的，他遵循著自然的規律，不干涉百姓的自然生活，這樣百姓才真正的安居樂業，順天則昌。

3. 天地之間，其猶(1)橐籥乎，虛而不屈，動而愈出。

【譯文】天地之間運化的狀態，就像鼓風的器具一樣，不使用的時候，雖然看起來裡面是空的，但實質上裡面還是有物的；使用起來以後，鼓動的越多越快，風出的則越多。

【解析】天地間的運化狀態是自然而然的，是道的自然體現，人法地，地法天，天法道，道法自然。但是天地間的特性又象橐籥一樣，如果以外力不斷地鼓動它，它就會出現不斷地變化，事物就不能自然的生息，以至於破壞了自然規律。

(1)橐籥：古代用在爐灶上，向爐內鼓風的器具。

4. 多言數窮[1]，不如守中。

【譯文】說多了話以後，就沒有變數了，不如適可而止。

【解析】當事物變得越細緻、越具體的時候，它的變數就越少，就越不能隨著環境的變化而變化，這就是多言數窮。比如一個樹木可以做成木板，木板可以做成筷子，筷子可以做成牙籤；當樹木做成木板時，還可以有很多用處，做家具、做圍欄、做包裝箱等等，但是當木板做成無數個牙籤後，用處就很少了，也只能用它來剔牙了。

在這段中的意思是：順應天道的人（主要是指聖人、王等行天道者），不能像鼓動橐籥一樣，使社會產生動盪，致使百姓產生了愛恨情仇的具體利益，其結果就是百姓不能順天道而安然的生活。那麼在這個情況下，還不如守在天道自然的狀態中，不干擾社會的自然規律，百姓安居樂業，順天則昌，這就是不如守中。如果從具體的修煉角度來講，就是使自己的身體與道相合，不妄為，不貪求，不要為了追求自我的私利而強制身體達到某種狀態，以至於擾亂了身體的自然秩序。

(1)數窮：沒有變數了。

運用法門

本章的運用分兩個方面：一是合於天道做事的人，要客觀的、全面的看待事物，不以自我的喜好、私心，去影響、改變事物，要守在符合事物發展變化的自然規律之中；二是修煉的人要守在道的狀態之中，順應自然修煉自己，不以自我的貪求，而改變身體合於道的自然狀態。

第六章

谷神不死，是謂玄牝ㄆㄧㄣˋ。玄牝之門，是謂天地根。綿綿若存，用之不勤。

像山谷那樣深遠、連綿不斷的神奇之物是不會死去的，這就是繁衍宇宙萬物的地方。化生萬物的門戶，也就是天地的根源所在。若有若無的，又似乎連綿不斷地存在，但是應用起來卻不能不勤奮。

1. 谷神不死，是謂玄牝。

【譯文】像山谷那樣深遠、連綿不斷的神奇之物是不會死去的，這就是繁衍宇宙萬物的地方。

【解析】山谷是連綿不斷的，一眼望不到盡頭，用來比喻道是沒有盡頭的；但道又有靈性，也就是神，是沒有盡頭、深遠的所謂谷神。因為道可以化生萬物，所以又是為玄牝。關於玄的解釋請參考第一章，牝就是化生之處，玄牝就是陰陽運化、化生萬物之處。

從道的資訊角度來講，宇宙中所有的地方都是玄牝，所有的地方每時每刻都在化生。它其大無外，包含著宇宙各個空間及各個時間的所有資訊；它其小又無內，以至於永遠也不能找到它的積微有形物質。

從修道角度來講，修行者要以「常無欲以觀其妙，常有欲以觀其徼」的狀態來與玄牝相合，也即合於道。

2. 玄牝之門，是謂天地根。

【譯文】化生萬物的門戶，也就是天地的根源所在。

【解析】化生萬物之處，也化生了天地，這裡的天地就是表示相對的「有」，而針對包含天地之根的玄牝則是「無」，但這個「無」並非真無，乃是非空之空、非無之無，當這個「非無之無」運化出「有」時，萬物就應運而生了。第四十章中「天下萬物生於有，有生於無」，就是這個道理。

3. 綿綿若存，用之不勤。

【譯文】若有若無的，又似乎連綿不斷地存在，但是應用起來卻不能不勤奮。

【解析】天地是在非空之空、非無之無、若有若無，又似乎連綿不斷的道中產生的。人是天地的產物，人若要與大自然相合、與道相合，就要回歸於天道自然的本源，只有在這種本源之中，才可以順應自然；在順應自然的情況下，才可以運化陰陽、調整陰陽，並且掌握自己的命運，也即「我命在我不在天」，又謂「循天機而起，改天機而行」。

人的狀態若要處在與道相合的境界之中，使人體的資訊能量充分的與大自然合一，就要使身體處在若有若無、非空之空、綿綿若存的道的本源狀態，這樣才可以獲得宇宙中無窮無盡的資訊能量。要經常進入這樣的狀態，勤奮的修煉，使身體不斷地得到宇宙能量的激發，漸漸地使身體越來越與道相近、與道相合，進而達到道家所說的六根震動、陽神離體，以至於修成傳說中、自古以來備受推崇的湮滅肉體，羽化成仙，以現代語言講就是進入多維空間，不生不滅與道同在的層次。

運用法門

自古以來，運用本章的思想修煉的人比較多，但是其根本就是：用某種方法將人體通過「玄牝之門」與道相合，也即人道合一。也有古代修道者把玄牝之門稱為「玄關一竅」的，就是與道相合的關竅，但就是這個「竅」字使人想到了具體化。

目前社會上有一些誤解：有人在身體中找與之相合的關竅，想用身體中的關竅（比如泥丸

宮等關竅）映合玄牝之門，使之進入合於道的狀態；雖然目標是好的，但是卻由於自身的基礎能量修煉不足，而進入虛假的空禪的狀態，不得解脫。也有人只是單純的依靠這種「空、靜」的狀態，不具體運化能量，以為進入了禪的境界就可以與大自然、與道合一了，這樣一坐就是很多年。其實這樣做不一定是對的，因為境界是分層次的，境界的提高也是以能量作為基礎，量變產生質變，境界才會越來越高，才會參悟出更深層次的東西，才會明白宇宙的更多空間。

有的人修了一些年沒什麼進展，就放棄了，這缺陷就是沒有真正的修煉能量。那麼，只有自身的能量修煉，再以能量與本我的肉身陰陽相合，使身體的資訊能量處於似有似無、非空之空的狀態中，才可以更好的不斷地與玄牝之門映合、相合。這也是《道德經》第十一章中「三十輻共一轂，當其無有車之用」的道理，「有」是條件、是基礎，在這個基礎之上，「無」才可以應用，才可以進入玄牝之門，與玄牝相合，與道相合。

其實玄牝之門就在你的身體中，你就是玄牝之門，玄牝之門就是你，玄關一竅也是你，你的全身就是玄關一竅，當然它又無所不有、無所不在。內丹修煉及其相關的方法，就是修煉能量、進而合於道的法門之一，只是門派不同，則煉法不一，然其理法卻不二。

下面介紹一種合於道的運化能量坐禪方法，總共分兩個階段修習：

★運化能量坐禪法

第一階段

【第一步】選一靜室，盤膝而坐，單盤、雙盤、散盤皆可，如果不能盤坐，即可坐在椅子上。全身放鬆，頭正、脊柱要直，雙臂自然下垂，雙手放在大腿部位，掌心向上。

【第二步】深呼吸兩分鐘以上，所謂吐故納新。

【第三步】輕輕地想像全身與大自然融為一體，冥想五分鐘以上。

【第四步】輕輕地想像腹部（丹田）有一團火光，漸漸地照亮內臟，漸漸地溫暖起來，似有似無的冥想著丹田中暖暖的能量，最少冥想半小時以上。

【收勢】將雙手搓熱、摩擦面部、雙手十指乾梳頭、再由頭部輕輕向下拍打，直到拍打全身。可參照第一章「太極通靈圈」中的收勢。

【要領】全身要鬆而不散，意識要輕，不能執著，要用似有似無的意識冥想。

第二階段

第一階段修習一個月後，丹田會儲存了一定的能量，這時就要應用這個能量做更深一步的修煉。如果感覺自我原本氣虛，能量較弱，丹田沒有熱能，可以將第一階段修習三個月以上，直到自我感覺良好，才進行下一步。

【第一步】接第一階段第四步（不要做收勢）的冥想丹田半小時以後，想像丹田中的熱能漸漸地遍布全身，全身溫暖起來，至少想像十分鐘。

【第二步】想像全身被一個巨大的圓球包圍著，圓球釋放能量照射到你的全身，與你全身的能量交融在一起，至少想像十分鐘。

【第三步】想像你的身體化空，與宇宙融合在一起，進入到無窮無盡的空間中，其大無外，其小無內。這個冥想進入狀態的時間越長越好。最後做收勢，收勢與前面相同。

★運化能量坐禪法注意事項

(1)修習本法可對養生、祛病、延壽起到一定的良好作用。

(2)當體內氣機發動起來以後，多數情況下會有氣沖病灶的反應，原本哪裡有病，在做功時哪裡就會有反應，類似疾病發作；但那是治療疾病的現象，是好現象，並非是疾病發作。當做功結束後，反應減小直到消失；當病區被徹底改善後，反應也就逐漸消除了。

(3)丹田中感覺出現了熱能是好事，速度產生熱，說明你身體中的能量被充分調動運行起來了，會起到增強元氣、補益身體、祛除疾病的作用。

(4)在功態中看到相關的資訊景象要順其自然，不要著相，不要盲目相信景象中的資訊現象，不要追求所謂的超能力、特異功能等。

(5)本法並非丹道中的內丹術具體修煉方法，但借鑒了內丹術。

(6)最好先習練第一章中介紹的「太極通靈圈」後，再修習本法，使動靜結合，先動後靜，效果更好。

第七章

天長地久；天地所以能長且久者，以其不自生，故能長生。是以聖人後其身而身先；外其身而身存。非以其無私邪？故能成其私！

天是長生的，地是久遠的；天地之所以能長生久遠的原因，是它不是自私的為了自己而生存，所以才能長生久遠。所以聖人的做法就是：將自己的利益置於身後，不與人相爭，讓別人於先，這樣反而會自然地得到了身先的好處；使自己的身體放開，置於外部，承載於天下，這樣反而能使身體長存。難道修道者真的都會這麼無私的做嗎？但是正是因為這樣做，才可以成就所要達到的目地啊！

1. 天長地久；天地所以能長且久者，以其不自生(1)，故能長生。

【譯文】天是長生的，地是久遠的；天地之所以能長生久遠的原因，是它不是自私的為了自己而生存，所以才能長生久遠。

【解析】自然界之中，能承載事物的東西，一定會比這些事物長久。大地承載樓房，樓房倒塌了，而大地還在；地球承載生物，生物滅絕了，而地球還在；天體承載星球，某星球毀滅了，而天體還會在。所以說如果要長久，就一定不要為了自我的長久而去追求長久，而是要承載萬物，當能做到承載萬物的時候，也就長久了（最起碼比承載的萬物長久）。

2. 是以聖人後其身而身先；外其身而身存。

【譯文】所以聖人的做法就是：將自己的利益置於身後，不與人相爭，讓別人於先，這樣反而會自然地得到了身先的好處；使自己的身體放開，置於外部，承載於天下，這樣反而能使身體長存。

【解析】所以聖人明白這個道理，那麼就要使自己來承載事物。承載事物就要使自己在後面、在下面、在外面，只有這樣才可以承載；承載了事物，才可以使自己達到身先和身存的目地。

(1)不自生：不爲了自己而生存。

3. 非以其無私邪？故能成其私！

【譯文】難道修道者真的都會這麼無私的做嗎？但是正是因為這樣做，才可以成就所要達到的目地啊！

【解析】修道者真的要使自己處在後面、在下面、在外面嗎？修道者真的都會這麼無私地做嗎？是的，是要這樣做，也只有這樣做，才是符合捨與得的天道自然規律。自然規律的特性之一就是捨得平衡，捨出去了就會得到，這樣「捨」的做法自然就會產生「得」的天道之利。

運用法門

本章的法門為捨有形、得無形、返歸於無的先天本源狀態，此本源狀態乃萬物之根，蘊含著萬物，無所不有。人與此合，即與道合；也即人天合一；也即無有終時；也即如天地一樣，天長地久。

在現實應用中，行為上應該謙虛謹慎，虛懷若谷，榮辱不驚，包容萬物；既然包容萬物，也可視萬物為己出，自然產生慈愛之心。這也是聖人之道、王者之道。

在功態的修煉法門中，要捨去身體之有形，感悟身體之無形。

★感悟身體空無之法

【第一步】想像頭頂藍天，感覺頭部融化於空中，化為無形。

【第二步】想像腳踏大地，感覺雙腳融化於大地，化為無形。

【第三步】想像身體向四周無限性的放大，最後化歸於無形。

此狀態可用於行禪之中，身形飄逸，百里不累；亦可用於坐禪之中。

前三步修習時間長短以自我感覺為主，並無限制。

【收勢】與第六章相同。行禪或坐禪後要使身體收歸於有形的現實身體狀態，也即無中生有，也即攝宇宙萬物之精華歸於肉身，可強身治病，延年益壽，也即收勢。

當冥想身體化歸於空無狀態時，其實你的身體資訊就處於宇宙無窮遠處，無所不有，無所不在，你的身體就是與宇宙合為一體的，宇宙就是你的，這就是功態。

但是從現實角度來看，雖然你的資訊充滿了宇宙，無所不在，但是你的量級畢竟極其微弱；雖然你認為你是宇宙中的王者，但是現階段你畢竟又真的做不了什麼，所以要踏實的、認真的、謙虛的煉好實實在在的能量。這就是古人講的「意充盈而卑謙」。

你的意識是充盈的，是充滿了整個宇宙的，但是你修煉的態度確是要為之下的、謙虛的。只有你的量級達到了一定的程度，你才可以真正的調動大能量，運化陰陽，改變深層次資訊，也即循天機而起、改天機而行，做到我命在我不在天，自己掌握自己的命運。

第八章

上善若水，水善利萬物而不爭，處眾人之所惡，故幾於道。居善地；心善淵；與善仁；言善信；政善治；事善能；動善時。夫唯不爭，故無尤。

上等的、合於天道的行為就像水一樣，水是順應著天道自然潤化著萬物，而並不與萬物相爭利益。它是向下流淌，處於下面而承載潤化萬物的，而眾人並不喜歡處於低下之位，厭惡低下。正是因為這種低下的狀態才可以潤化萬物，與道處於下承載萬物相近，所以水的狀態近似於道。所居之處順合於天道自然之地；心態要順合於道，就像深淵一樣包容萬物，深不見底；順合於道的給予，才是真正的仁慈；順和於道的語言是真實不虛的，是值得相信的；順和於道的方法治理政事，其結果一定是很好的；順和於道去處理事情，是有能力處理好的；需要做什麼事情的時候，是要順和於道的時機的。這些順和於道的方法，是在符合於道的自然規律之中體現出來的，不是與人相爭來的；正是不與人相爭而來的，所以它符合於道的規律，故不會遇到阻礙，不會有不好的結果。

1. 上善[1]若水，水善利萬物而不爭。

【譯文】上等的、合於天道的行為就像水一樣，水是順應著天道自然潤化著萬物，而並不與萬物相爭利益。

【解析】修道者的行為，就要像水一樣柔軟而利萬物，這是上等的修行方法。利萬物，不與萬物相爭，萬物自然會將良好的資訊回饋於己，這是修行法門之一。

(1)善：本章的善側重於表示合於道的行為、意識及方法。具有主觀能動性。

2. 處眾人之所惡

【譯文】水是向下流淌的，它處於下面而承載潤化萬物，而眾人並不喜歡處於低下之位，厭惡低下。

【解析】水是向下流淌的，修道者的行為也是要謙下的。水處於下潤化萬物，修道者的行為就是要向下承載萬物，承載了萬物，萬物就會給予你良好的資訊，這就是王者之道。普通大眾只會向高處相爭，不會奉獻承載，並厭惡低下；而修道者就是要與眾不同，因為修道者明白取捨，有大捨才有大得。從修煉的資訊角度來講，可以得到萬物的良好資訊，加持自己，增強能量；從世間法來講，可以得到社會大眾的民意，成就王道。

3. 故幾於[1]道

【譯文】正是因為這種低下的狀態才可以潤化萬物，與道處於低下承載萬物相近，所以水的狀態近似於道。

(1)幾於：幾乎、近似於。

【解析】水的這種低下的狀態近似於道，所以用水的有形比喻道的無形特性之一；但水又不是真正的道，因為道是無形的，用水表達也只能是近似而已。或者說，用水的特性比喻道的表象之一，是在德的範疇之內。所以說，如果修道者具有像水一樣的狀態，那麼離道就很近了。

4. 居善地

【譯文】所居之處順合於天道自然之地。

【解析】修道者所居之處要選大自然的靈氣運化之處，此地空氣清新，環境優雅，視野開闊，意境深遠，所以很多古修道者進山中選地修行，這樣可使修道者放下世間狹隘的心理，去除貪欲，忘去煩惱憂愁，心胸寬闊，與天地相合。此地也即常人所講的風水寶地。現今社會此地不多，多數人沒有條件去山中修煉，所以也不用強求這個條件，只能隨遇而安、道法自然了。

5. 心善淵

【譯文】心態要順合於道，就像深淵一樣包容萬物，深不見底。

【解析】心態要合於道，道是無窮盡的，包容著萬物。修道者的胸懷也要像道一樣無窮的寬廣深厚，這樣才可以與道映合，才可以體悟到無窮無盡的道的狀態，古人稱其為「體道」。

6. 與善仁

【譯文】順合於道的給予，才是真正的仁慈。

【解析】順和於道的給予就是要看因果，被施捨者得到了施捨者的因，看要達成什麼樣的果。某慈善機構用你施捨的錢養小姐，任由小姐揮霍，這就是惡果，你施捨的錢就是促成腐敗、揮霍的惡因；如果用你施捨的錢救濟災民，就是好果，你施捨的因就是好因，是真仁慈。一個人向你乞討錢用來吸毒，那麼這個就是惡果，施捨的人就種下了惡因；如果這個人將乞討來的錢拿回家中贍養沒有生活能力的父母，這個是好果，施捨給他錢財的人就種了好因。一個人要行兇，沒有錢買刀，祈求你給他買把刀，如果你給買了，他行兇傷了人就是惡果。從道的理論講，他和你就都會受到天道資訊的懲罰；從現實社會來講，也會受到法律的制裁。一個人渾身是力氣，擬勞動耕作種糧食，苦於沒有種子，這時你送給他種子，他用來勞作生產，這就是好因，一定會得到好果，這是真正的仁慈。

綜上所述，善心不是隨心所欲來發的，好事不是隨意做的，當你不能確定事物所成為的果的時候，是不能施捨的，不然可能助紂為虐，害己害他，就更談不上仁慈了。只有看明白了事物的前因後果，才可以去捨善，這就是與善仁。

7. 言善信

【譯文】順和於道的語言是真實不虛的，是值得相信的。

【解析】當明白了道的自然規律後，也就懂得了事物的前因後果，對待事物也有了整體的認知，說出的語言也是在充分地明白了事物的自然發展變化規律後，而講述出來的，所以對事物的結果有著充分的認識，講出的話是比較真實的，是很可信的。

8. 政善治

【譯文】順和於道的方法治理政事，其結果一定是很好的。

【解析】政善治中的政，是指大局事物的管理，或國家政事管理。道的自然規律從大到小，無所不有，無所不在，所以當懂得了天道自然之法，就可以順應道的自然規律，治理政事，管理天下，這樣順天則昌，無往而不利。

9. 事善能

【譯文】順和於道去處理事情，是有能力處理好的。

【解析】事善能中的事，是指比較具體的事情。道的規律貫穿於所有的大小事物之中，所以依靠道的法則去做具體事情，是有能力處理好事情的。

10. 動善時

【譯文】需要做什麼事情的時候，是要順和於道的時機的。

【解析】當明白了道的自然規律後，不僅所做事情要符合於自然規律，所做事情的時機也要與自然相合。在大陸東北，冬天用種子種地，種子不可能發芽；在廣東夏天穿棉衣，會熱出疾病。我們都知道三國故事中諸葛亮借東風的事情，孫劉聯軍要破曹操，諸葛亮和周瑜都想到了要用火攻，但是火攻一定要起東南風，才可以借風勢將火吹入曹軍之中。諸葛亮乃修道之人，明白天道自然規律，知道什麼時候可以起東風，所以孫劉聯軍藉著起東風之時，用火攻破了曹操。這就是行動的時機符合於天道自然規律的故事，亦是動善時。

11. 夫唯不爭，故無尤[1]。

【譯文】這些順和於道的方法，是在符合於道的自然規律之中體現出來的，不是與人相爭來的；正是不是與人相爭來的，所以它符合於道的規律，故不會遇到阻礙，不會有不好的結果。

【解析】道法自然，順和於道的方法（這方法是指居善地、心善淵、與善仁、言善信、政善治、事善能、動善時的方法），都是在合於道的狀態中自然體現出來的。它是來自於無形而化生的法，不是在有形之中相爭來的；既然不是在有形之中來的，才是符合於道的真法。本著這樣的原則去做事情，是不會遇到阻礙的，其結果都是符合於道的，也即順天者昌，結果都是好的。

(1)尤：阻礙，原意表示小苗生長出來後遇到阻礙，被壓制著彎曲生長。

運用法門

本章闡述的是修道人應具有的行為狀態。修道者應具有像水一樣潤化萬物、承載萬物的狀態，與萬物交融，為之下獲得萬物的資訊。在這種狀態下，居善地與天地大自然的能量相合；心善淵與道的寬廣深厚的無形資訊相合；與善仁會獲得天道的良好回報；言善信會獲得眾人的良好讚譽（讚譽是具有能量資訊的，為修行法門之一）；政善治可成就王者風範；事善能使修道者將道的規律充分發揮在具體事物之中；動善時使修道者掌握合於天道自然做事的時機。

持而盈之，不如其已；揣（ㄔㄨㄞˇ）而銳之，不可長保；金玉滿堂，莫之能守；富貴而驕，自遺其咎（ㄐㄧㄡˋ）；功遂身退，天之道也。

手中拿著一個器具，向內灌裝液體，裝滿後流淌了出來，不如停止灌裝；懷中揣著銳利的器物，不能長期保證它的鋒利之處不損壞衣物；滿堂的黃金玉器，不一定能一直守護下來。具有了榮華富貴，就產生了驕傲，這樣就會做出過失的事情；事情做成功了，就應該退下來，這是符合於天道規律的。

1. 持而盈之[1]，不如其已[2]。

【譯文】手中拿著一個器具，向內灌裝液體，裝滿後流淌了出來，不如停止灌裝。

【解析】手中拿著的器具裝滿了，但是人們的貪欲還沒有滿足，所以只注重索取，而並沒有發現已經裝滿了，多餘的已經向外流淌了。在貪欲的索取之外，還要注意自己是否已經得到的太多，多得用不到了；那麼不如停止自己的貪欲，把那些東西留給有需要的人，自己做些真正需要的事情，這樣才不會給自己帶來災難。天道的規律是捨得平衡的，得的多，付出的自然也要多，物極必反，得到的多，也會產生災難。所以，知道及時停止才是有智慧的人。

2. 揣而銳之，不可長保。

【譯文】懷中揣著銳利的器物，不能長期保證它的鋒利之處不損壞衣物。

【解析】長時間揣著銳利的器物，早晚會損壞到衣服，所以懷中不能裝有銳利之物。那麼有銳利之物怎麼辦呢？只好把其鋒利之處包裹起來，放在安全之處，這樣才不會使自己有受到損害的可能。所以合於道的做事方法就是：言語不要露其鋒芒，行為不要極端，心態不要貪婪，思想不要狂傲，不然傷害了別人的同時，也會傷害自己。

3. 金玉滿堂，莫之能守。

【譯文】滿堂的黃金玉器，不一定能一直守護下來。

(1)盈之：裝滿後流淌了出來。
(2)其已：停止灌裝。

【解析】世間之物，過眼雲煙，沒有永遠存在的事物，所以黃金滿堂也阻止不了撒手西去。珍惜現實，順天修道才是根本，身外之物，夠用即可，不可貪多。

4. 富貴而驕，自遺其咎[1]。

【譯文】具有了榮華富貴，就產生了驕傲，這樣就會做出過失的事情。

【解析】人世間是短暫的，富貴是暫時的，由於榮華富貴而產生了驕傲，這是很膚淺的人，是看不透事物的，所以也就會理所當然的做出有過失的事情。只有把目光放遠，著眼於事物的整體，才不會產生狹隘的驕傲思想。

[1] 咎：過失。

5. 功遂身退，天之道也。

【譯文】事情做成功了，就應該退下來，這是符合於天道規律的。

【解析】事情做成功了就退下來，符合天道規律。一個事物到了強壯以後，就會走向衰落，所以功成身退乃明哲保身之道。

運用法門

本章是講述修道者的行為，指明了合於道的方法是：不可貪婪，做人不要鋒芒畢露，身外之物並不長遠，富貴而驕會引來災禍，事情圓滿了就要放手，目光要看得長遠，要看到以後，看到人生的整體。

一切有為法，如夢幻泡影，而宇宙的空間卻是無窮無盡、無所不有的，它包含著古往今來所有的一切。用有限的人世間，修行無限的宇宙空間，乃是有緣上士的最根本之法。

第十章

載營魄抱一，能無離乎？專氣致柔，能如嬰兒乎？滌除玄覽，能無疵乎？愛民治國，能無為乎？天門開闔，能為雌乎？明白四達，能無知乎？生之，畜之。生而弗有，為而弗恃，長而不宰，是謂玄德。

身體承載運營著精氣，抱元守一，渾圓一體，能持續下去使肉體與凝聚的精氣不分離嗎？專心進入柔和的內炁境界中，能像嬰兒一樣那麼深入嗎？徹底的清除紛紛擾擾的景象，能達到沒有瑕疵嗎？愛護民眾、治理國家，能達到無為而治嗎？進入修煉狀態中的天門開合，能像玄牝一樣化生萬物嗎？方方面面的各種事情都明白通達，能否像不知道一樣順其自然？萬物順應自然規律的法則生長發育，合於道的做法就是：對事物的生長變化並不占有，維護事物而並不把持事物，引導事物而並不主宰事物，這就是符合於天道自然規律運化的方法。

1. 載營魄(1)抱一，能無離乎？

【譯文】身體承載運營著精氣，抱元守一，渾圓一體，能持續下去使肉體與凝聚的精氣不分離嗎？

【解析】在修煉的狀態中，肉體與精炁神能量資訊高度混元在一起，神不外馳、炁不外泄，精華能量在體內運化，這樣的狀態能保持多久呢？我們修煉過的很多人都有這樣的體會：有的人轟然進入了狀態中，轉瞬間又脫離了出來，再進去就不容易了；有的人進入了這個境界，恍兮惚兮之間，已經由晚間到了第二天早晨。所以，這個狀態是因人而異的，根據個人的修為深淺，保持的時間不一，修為深的保持時間自然就長，修為淺的則相反。所以，我們只有不斷地修煉，增加自我的層次，才可以使肉體與能量資訊在體內高度的長時間運化而不分離。也只有經常進入這個狀態，合於道的層次才會越來越深，進而給陽神離體打下堅實的基礎。

2. 專氣致柔，能如嬰兒乎？

【譯文】專心進入柔和的內炁境界中，能像嬰兒一樣那麼深入嗎？

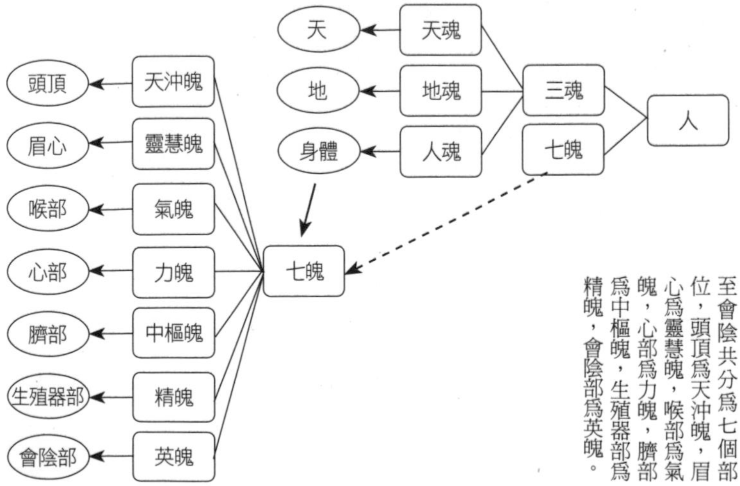

(1)魄：人有三魂七魄，人的元神是由魂魄聚合在一起而成。三魂爲天魂、地魂、人魂。天魂在天，地魂在地，人魂則在身體。七魄與人魂直接相連，七魄從頭頂至會陰共分爲七個部位，頭頂爲天沖魄，眉心爲靈慧魄，喉部爲氣魄，心部爲力魄，臍部爲中樞魄，生殖器部爲精魄，會陰部爲英魄。

【解析】凝聚心神，進入到柔和的、虛無飄渺的內炁境界中，能像嬰兒那麼純樸深入、心無雜念嗎？當然，進入層次的深淺還是要看修煉的程度，在平常之中，就要修煉心性，去貪婪、去惱怒、心清靜，淡化七情六欲，這樣在內炁的修煉境界中才會像嬰兒那樣深入。

3. 滌除⑴玄覽⑵，能無疵⑶乎？

【譯文】徹底的清除紛紛擾擾的景象，能達到沒有瑕疵嗎？

【解析】清除雜亂的、紛擾的、不斷重疊化生的景象。這景象包括看到過的、想像過的、聽人們傳說過的、感知過的，以及在自我主觀意識中的，還有其他等等方面的；表現為存留在記憶中的景象顯現，也有意識中即時出現的景象顯現。那麼，在修煉的境界中，能把這些所有的景象全部清除而沒有一點瑕疵嗎？當然是不容易做到的，即使做到了，也是暫時的。這個境界是相對較深的，要達到無物無我、物我兩忘的境界，不知自己身在何方，以至於不知還有自己，忽然之間進入狀態，之後一段時間沒有了主觀記憶。這個狀態就是與道相合，與宇宙本源相合的境界。這種狀態保持的時間越長，與道相合就越長，自我的層次提升就越快，能量就越強大，達到修道的最終結果就越容易。這個狀態最重要的是保持時間的長短，修行的越精進，層次越深，進入這個狀態的時間就越長，進入這個狀態的時間越長，層次提高就越快。

⑴滌除：清除。
⑵覽：閱覽。
⑶疵：瑕疵。

4. 愛民治國，能無為乎？

【譯文】愛護民眾、治理國家，能達到無為而治嗎？

【解析】愛護百姓大眾，為了他們生活的更美好，使社會安定國家富強，只有做事合於天道，沒有自己的私欲，才會促成社會的自然良性運化，達到無為而治。

5. 天門開闔，能為雌乎？

【譯文】進入修煉狀態中的天門開合，能像玄牝一樣化生萬物嗎？

【解析】進入修煉的狀態，使身與道合，無為而無不為，化生萬物。這個層次是修道者追求的目標，但是要達到這個目標，是非常不容易的，要不斷地修煉，不斷地精進，珍惜人生中寶貴的時間來刻苦修行。

6. 明白四達，能無知乎？

【譯文】方方面面的各種事情都明白通達，能否像不知道一樣順其自然？

【解析】什麼事情都看得很明白，但能否不顯露出來呢？行世間法，做世間事，很難真的不會露出一些自我意識。

7. 生之，畜之。生而弗有(1)，為而弗恃(2)，長而不宰(3)，是謂玄德。

【譯文】萬物順應自然規律的法則生長發育。合於道的做法就是：對事物的生長變化並不占有，維護事物而並不把持著事物，引導著事物而並不主宰事物，這就是符合於天道自然規律運化的方法。

(1)生而弗有：對事物的生長變化並不占有。
(2)為而弗恃：維護事物而並不把持著事物。
(3)長而不宰：引導著事物而並不主宰事物。

【解析】順應天道生長的萬物，同時具有各自的運化法則。我們不能改變萬物的規律，但是我們卻可以運用規律，來維護、引導事物。維護但不能占有，引導但不能主宰，這樣是符合自然規律運化的方法。

運用法門

本章主要闡述的是修道人的功態運用方法，用這些方法可以達到最好的結果。

★功態運用方法

1. 身體運營著精氣，抱元守一，保持這個狀態，使肉體與凝聚的精氣盡量長時間不分離。
2. 進入柔和的內炁境界中，能像嬰兒一樣那麼深入是最好的。
3. 進入功態中，清除紛紛擾擾的景象，使之越少越好。
4. 運用順應天道的無為之法治理國家是最好的。
5. 修煉狀態中的天門開合，要具有像玄牝一樣化生萬物的資訊。
6. 各種事情都明白通達，但是也不要彰顯自己。

以上的方法，都是要在「維持事物而不強行占有事物，引導事物而不主宰事物」的前提下運用的，因為這是最合於道的行為。

第十一章

三十輻共一轂（ㄍㄨˇ），當其無，有車之用；埏（ㄕㄢ）埴（ㄓˊ）以為器，當其無，有器之用；鑿戶牖（ㄧㄡˇ）以為室，當其無，有室之用。故有之以為利，無之以為用。

三十根車條組成了一個輪轂，當車輪中間是空的時候，才可以把車軸插入進去，組成車來使用；用泥坯製作陶器，當陶器中間是空的時候，才可以使用；建造房子製作門和窗戶使之變為房間，當其中是空的時候，才可以作為房間使用。所以「有」是創造使用的條件，利用「有」以造「無」，「無」才是有可以裝載東西進行使用的空間。

1. 三十輻共一轂(1)，當其無，有車之用。

【譯文】三十根車條組成了一個輪轂，當車輪中間是空的時候，才可以把車軸插入進去，組成車來使用。

【解析】把一個個有形的車條放在合適的位置，就發揮了它的特點，組合在一起成了一個車輪，車輪的中間一定是空的才可以插入車軸，形成車來使用。這就是應用車條的「有」，形成了輪轂中「無」的空間，而輪轂中「無」的空間又可以使車軸的「有」進行有效使用。這一形式的特點就是有無相生，運用「有」與「無」所產生的條件。

(1)轂：車輪中心，有洞可以插軸的部分。

2. 埏埴(1)以為器(2)，當其無，有器之用。

【譯文】用泥坯製作陶器，當陶器中間是空的時候，才可以使用。

【解析】製作陶器，中間是空的時候才可以裝進東西，是用泥坯形成陶器的「有」，製成了可以裝入物品的「無」的空間。

(1)埏埴：用水攪拌粘土，製成泥坯。
(2)器：陶器。

3. 鑿戶(1)牖(2)以為室，當其無，有室之用。

【譯文】建造房子製作門和窗戶使之變為房間，當其中是空的時候，才可以作為房間使用。

【解析】建造房子，中間是空的時候，才會有房間可以使用。用建造房子、門、窗的「有」，形成了可以住人的「無」的空間。

(1)戶：門。
(2)牖：窗。

4. 故有之以為利，無之以為用。

【譯文】所以「有」是創造使用的條件，利用「有」以造「無」，「無」才是有可以裝載東西進行使用的空間。

【解析】所以車條、泥土、門窗等有形的物品，是創造輪轂、陶器、房子等其中「無」的空間的基本條件。

運用法門

本章主要闡述有形的事物應用，及有形事物生成的「無的空間」的應用的道理。其重點是「天下萬物生於有，而有生於無」。本章使人明白，應用事物的規律要從「有」做起，昇華至「無」以後才可以提高層次。

將這個觀點應用在具體修煉上，就是先修煉有形的動功，當體內炁機發動起來後，再修煉靜功，這樣是最符合自然規律的。

經常有人問我，說修煉之中最難的是入靜，該怎麼辦才可以達到入靜？我就告訴他，可能你修煉的動功太少或者沒修動功，只有動功練到一定程度，才會很容易入靜。經實踐，「多練動功易入靜」的觀念行之有效。動功就好比車條，靜功就是輪轂，當你應用車條形成輪轂後，自然就可入靜了。輪轂可以插車軸，車軸就是輪轂「無中運行」的能量。也就是，當你真正的入靜後，體內能量就可以運行了。

修煉程式一般是先練動功打基礎；然後坐禪，使身體進入空無的境界中，在這空無的境界中會使體內能量激發起來，亦無中生有；然後以淡淡的念力運化體內能量，進而使身體達到更

深一步的空無境界。這樣長時間的有無運化循環，螺旋式上升，也就是你的修煉層次在不斷提高，以至於達到理想的混元為零，陽神離體而得道。

然而，世間有些修道者並不懂這個道理，有人修了一輩子，最終也不成大道。究其根源，就是沒用動功打下基礎，陰陽不能很好的運化，以至於命功能量欠缺，層次不能提高。屬假修空煉，荒廢光陰。

修煉動、靜功時間所占比例參考：

1. 初級階段修煉動功的時間占七層，靜功占三層。
2. 中級階段修煉動功與靜功時間各占一半。
3. 高級階段修煉靜功時間占七、八層或更多時間，動功時間占兩、三層，或更少時間。

第十二章

五色令人目盲；五音令人耳聾；五味令人口爽；馳騁畋（ㄊㄧㄢˊ）獵，令人心發狂；難得之貨，令人行妨。是以聖人為腹不為目，故去彼取此。

各種繽紛美麗的顏色使人眼花繚亂，無暇看其他的事物；各種美妙的聲音充滿了耳內，陶醉在其中，使人聽不到其他聲音；各種美味使人吃得很香甜、口爽，激發食欲；在田野中騎馬奔馳打獵，使人心潮澎湃，心態張狂；很難獲得的珍貴物品，帶上它走路，就會影響著正常行走，因為要時刻提防著被賊人盜竊。所以有大智慧的人、合於道的人，只求實實在在的事物本源，修煉內在的身心，並不會被外在的各種誘惑影響心性，產生貪妄之心，追求外在欲望。因此合於道的人會去掉貪妄之心，取其事物的實在本源。

1. 五色[1]令人目盲

【譯文】各種繽紛美麗的顏色使人眼花繚亂，無暇看其他的事物。

【解析】世間各種華麗、紛亂的表象，掩蓋了事物的本質，使人只看外表，不能瞭解事物的內在本質。

2. 五音[1]令人耳聾

【譯文】各種美妙的聲音充滿了耳內，陶醉在其中，使人聽不到其他聲音。

【解析】陶醉在世間各種美妙的聲音之中，就聽不到其他最原始的、樸素的、沒有經過加工的本質聲音。

3. 五味[1]令人口爽

【譯文】各種美味使人吃得很香甜、口爽，激發食欲。

【解析】各種美食吃得口爽，往往會產生貪欲，進而影響人的行為。

4. 馳騁畋[1]獵，令人心發狂。

【譯文】在田野中騎馬奔馳打獵，使人心潮澎湃，心態張狂。

【解析】縱馬奔馳打獵，會極度地激發人的追求、貪婪之心，進而變為氣血張狂的、扭曲的身心，失去了人性中平和、善良的本性。

---

(1)五色：白、黑、綠、紅、黃。

(1)五音：宮、商、角、徵、羽。

(1)五味：酸、甜、苦、辣、鹹。
注：本章五色、五味、五音皆比喻爲多數的意思。

(1)畋：打獵。

5. 難得之貨，令人行妨[1]。

【譯文】很難獲得的珍貴物品，帶上它走路，就會影響著正常行走，因為要時刻提防著被賊人盜竊。

【解析】珍貴的物品，將其放在任何地方，心中總會惦記的；人不論走到哪裡，不論將不將其帶在身上，心中都是放不下的，因為得到了貴重的東西很不容易，怕失去它。

6. 是以聖人為腹不為目，故去彼取此。

【譯文】所以有大智慧的人、合於道的人，只求實實在在的事物本源，修煉內在的身心，並不會被外在的各種誘惑影響心性，產生貪妄之心，追求外在欲望。因此合於道的人會去掉貪妄之心，取其事物的實在本源。

【解析】有大智慧的、合於道的聖人，會看清事物的本質，並不會被假象所迷惑，去除雜亂的表象，去除貪欲之心，去除狂妄之態，踏踏實實的取其事物的本源。

運用法門

本章的意義是教人懂得：做事情要看清事物的本質，不要被外表的假象所迷惑。瞭解事物的本質，才會明白，怎麼做是最符合於事物的。不要追求難得之貨，不要看重難得之貨，放下身心，才不會受其所累。

(1)妨：妨礙。

第十三章

寵辱若驚，貴大患若身。何謂寵辱若驚？寵為下，得之若驚，失之若驚，是謂寵辱若驚。何謂貴大患若身？吾所以有大患者，為吾有身；及吾無身，吾有何患？故貴以身為天下，若可寄天下；愛以身為天下，若可托天下。

寵愛與侮辱都會使人激起心態的變化，像內心受驚一樣，使大的疾病進入身體。什麼是寵辱若驚呢？在寵的方式下，會有得到，得到了心情就會驚喜，當失去了就會心情悲傷失落，這就是寵辱若驚。什麼是會使大的疾病進入身體呢？我之所以有大的疾病的原因，是因為我有身體，如果我沒有身體，我能有什麼病呢？所以將天下人當作自己身體一樣珍惜的時候，就可以把天下交給你；愛護天下人就像愛惜自己的身體的時候，就可以把天下託付給你。

1. 寵辱若驚，貴大患若[1]身。

【譯文】寵愛與侮辱都會使人激起心態的變化，像內心受驚一樣，使大的疾病進入身體。

【解析】寵愛與侮辱都會使人心態像受到驚嚇一樣，這樣會使身體得大病。人的身體健康是與心態相關的，心胸寬闊平坦，淡化情欲，這樣身體的氣機就不會由於心態的起伏而受到刺激，所以氣機順暢，不易得病。反之，情緒的變化會影響身體氣機運行，使之產生氣滯，進而波及內臟，久而久之，會產生嚴重疾病。

2. 何謂寵辱若驚？寵為下，得之若驚，失之若驚，是謂寵辱若驚。

【譯文】什麼是寵辱若驚呢？在寵的方式下，會有得到，得到了心情就會驚喜，當失去了就會心情悲傷失落，這就是寵辱若驚。

【解析】寵愛就是給予，被寵者忽然得到了自己十分想要的，而自己又沒有費半點力氣，當然就是一陣驚喜，心情激盪，這就是得之若驚；當驚喜勁還沒有過去呢，忽然又把自己得到的東西給剝奪走了，心情立刻就失落了，這就是失之若驚。

3. 何謂貴大患若身？吾所以有大患者，為吾有身；及吾無身，吾有何患？

【譯文】什麼是會使大的疾病進入身體呢？我之所以有大的疾病的原因，是因為我有身體，如果我沒有身體，我能有什麼病呢？

(1)若：進入。

【解析】心態影響身體會產生疾病，身體是疾病的載體，那麼如果沒有身體這個疾病載體，就不可能產生疾病。當人們能經常進入「拋去身體，使之化空、化無」的境界時，很可能會出現奇蹟，所謂的絕症疾病在這個狀態的影響下，就會消除了。

4. 故貴以身為天下，若可寄天下；愛以身為天下，若可托天下。

【譯文】所以將天下人當作自己身體一樣珍惜的時候，就可以把天下交給你；愛護天下人就像愛護自己身體的時候，就可以把天下託付給你。

【解析】拋棄自我狹隘的寵辱與得失的思想，心胸寬闊裝天地，與道相合，承載於萬物。把天下人作為自己的身體來愛護和珍惜，那麼，你就承載了天下人，天下人寄託在你無私的、寬闊的修為之中，你就是天下的王者。

運用法門

本章使人明白拋開寵辱、去除擾亂心神而致病的因素；要放棄小我，做一個心胸寬闊承載於天下之人。修行者常常處於這個狀態中，就會更好的合於自然規律，提高修道層次。

視之不見，名曰夷；聽之不聞，名曰希；搏之不得，名曰微。此三者，不可致詰，故混而為一。其上不皦，其下不昧。繩繩兮不可名，復歸於無物。是謂無狀之狀，無物之象，是謂惚恍。迎之不見其首，隨之不見其後。執古之道，以禦今之有。能知古始，是謂道紀。

觀察不到的，把它稱為夷；聽不見的，把它稱為希；拿不到的，把它稱為微。夷、希、微這三者，不可清晰的、獨立的、徹底的區分出來，所以混在一起為一體。向上追溯這三者混在一起的東西，它並不明亮，向下觀察它也並不黑暗、隱晦，它連綿不斷地，也說不清楚它到底是什麼，又好像它什麼也沒有。這就是沒有形狀的形狀，沒有物體顯象的景象，這就是在惚恍境界中。迎著看它，是沒有頭緒、沒有開始的；跟隨著看它，並沒有後面的結尾。但是它的規律卻是不變的，執著這個自古就有的規律，就可以駕馭現今的事物，能夠知道古代最原始的情景與事物，這就是道的運行法則。

1. 視之不見，名曰夷(1)；聽之不聞，名曰希(2)；摶(3)之不得，名曰微(4)。

【譯文】觀察不到的，把它稱為夷；聽不見的，把它稱為希；拿不到的東西，把它稱為微。

【解析】看也看不到的東西，因為它太平坦了，沒有具體的、有形的可以顯現，為無色；聽也聽不到的東西，因為它太稀少了，也因為它太大了，所以才稀少（參見第四十一章：大音希聲），或許也因為自身從生到死只在一次大聲當中，所以也就聽不到具體的一個聲響，為無聲；拿也拿不到的東西，是因為它太細小了，細小到沒有具體形態，為無形。

(1)夷：平坦。
(2)希：稀少。
(3)摶：拿。
(4)微：細小。

2. 此三者，不可致詰(1)，故混而為一。其上不皦(2)，其下不昧(3)。繩繩(4)兮不可名，復歸於無物。

【譯文】夷、希、微這三者，不可清晰的、獨立的、徹底的區分出來，所以混在一起為一體。向上追溯這三者混在一起的東西，它並不明亮，向下觀察它也並不黑暗、隱晦，它連綿不斷地，也說不清楚它到底是什麼，又好像它什麼也沒有。

【解析】夷、希、微即為無色、無聲、無形，是道的特性，它們是不能割裂的，互相包含著的。追溯具有這個特性的事物（道）淵源，它是顯現不出來特殊情景的；觀察它的發展變化，也看不出有什麼特殊區別，但它卻是連綿不斷地；由於有無色、無聲、無形的存在，也就說不清它到底是什麼。在夷的無色、希的無聲狀態下，感覺它似乎很大；在微的無形狀態下，又似乎感覺它在很大很大的狀態下什麼也沒有。

(1)詰：追問究竟。
(2)皦：明亮的、清晰的。
(3)昧：黑暗的、隱晦的。
(4)繩繩：連綿不斷的。

3. 是謂無狀之狀，無物之象，是謂惚恍。

【譯文】這就是沒有形狀的形狀，沒有物體顯象的景象，這就是在惚恍境界中。

【解析】這個狀態就是在沒有具體的形狀下而感知的形狀，沒有具體物質顯象而感知到了景象，這就是在有與無之間的惚恍境界中，而體驗到的，似有似無的、具有「有」又具有「無」的、又無所不有的，事物的運化狀態。

注：關於惚恍的詳解請參第二十一章

4. 迎之不見其首，隨之不見其後。執古之道，以禦今之有。能知古始，是謂道紀。

【譯文】迎著看它，是沒有頭緒、沒有開始的；跟隨著看它，並沒有後面的結尾。但是它的規律卻是不變的，執著這個自古就有的規律，就可以駕馭現今的事物，能夠知道古代最原始的情景與事物，這就是道的運行法則。

【解析】迎著這個事物看它，看不到開始；隨著事物的發展看它，也看不到結尾。因為這個事物的開始永遠建立在另一個事物之上，結尾也永遠被另一個事物所承接，所以也只有相對的起始，而沒有絕對的起始。但是事物的運化規律卻是不變的，只要明白了它的運化規律，就可以知道事物的必然結果，就可以遵循著事物的運行法則來把握與運用事物。

運用法門

本章闡述的是合於道的修煉法門，重點在於：修道者應在恍兮惚兮的禪境修煉中，這個狀態就會合於夷、希、微的道的本質特性；處於有無之間，具有夷、希其大無外的狀態，又具有微的其小無內的境界。既可以大到永遠，又可以小到無窮；既可以感知古往今來，又可以循道而知後事。具體進入恍兮惚兮的禪境修習方法，就是第六章運用法門中的修煉方法，其狀態就是第二階段第三步的修煉狀態。

第十五章

古之善為士者，微妙玄通，深不可識。夫唯不可識，故強為之容：豫兮若冬涉川；猶兮若畏四鄰；儼兮其若客；渙兮其若凌釋；敦兮其若樸；曠兮其若谷；混兮其若濁。孰能濁以靜之徐清？孰能安以動之徐生？保此道者不欲盈。夫唯不盈，故能蔽而新成。

古代運用天道自然修行的人士，運化於小的、微妙的而又能通達大的天道自然，道法之深不能相識。正是因為不能相識，所以也只能勉強地形容一下他的情形：他謹慎地就像一種叫做「豫」的動物一樣，在冬天的冰面上走過大河；警覺地就像一種叫做「猶」的動物一樣，怕驚擾四周鄰居；莊重地像去人家中做客；處理事情就像消融的冰，一點點化開一樣；敦厚地就像最原始的沒有經過加工的樹木一樣；心胸寬闊地就像無盡的山谷一樣；對待事務就像把各種因素混和在一起一樣，沒有特殊的矛盾，沒有陰陽之分。

誰能把正混濁在一起的事物靜下來，再讓它慢慢地恢復本源呢？誰能把安靜的事物讓它動起來，再讓它漸漸地化生新的事物呢？能運用這個方法的人是不會自滿乃至驕傲的，正是因為不會這樣自滿驕傲，所以才能把原本的事物運化起來，而化生成為新的事物。

1. 古之善為士者，微妙玄通，深不可識。夫唯不可識，故強為之容。

【譯文】古代運用天道自然修行的人士，運化於小的、微妙的而又能通達大的天道自然，道法之深不可能相識。正是因為不能相識，所以也只能勉強地形容一下他的情形。

【解析】古代修道的人掌握著天道玄機的變化，他們深厚的修為層次，我們是不可能真正地瞭解到的，所以也只能勉強地進行一下大概的形容。

2. 豫[1]兮若冬涉川，猶[2]兮若畏四鄰。

【譯文】他謹慎地就像一種叫做「豫」的動物一樣，在冬天的冰面上走過大河；警覺地就像一種叫做「猶」的動物一樣，怕驚擾四周鄰居。

【解析】古修道人做事像猶豫那樣，並非膽小怕事，而是因為對萬物的慈愛。他不想為了自己而打擾到別人，也不想因為自己的做法而給別人帶來麻煩，更不想影響到萬物順天則昌的自然規律，所以做事小心謹慎，三思而後行。

(1)豫：屬古象類。「豫」雖身大力大，但是遇事常無主意。
(2)猶：屬猿猴類。「猶」雖靈巧，但卻生性多疑。

3. 儼[1]兮其若客，渙兮其若淩釋。

【譯文】莊重地像去人家中做客；處理事情就像消融的冰，一點點化開一樣。

【解析】古修道人愛護萬物、尊重萬物，所以他的風範就很端莊、厚重，不誇浮虛偽、自私自利。他處理事情，就會在他端莊的風範、寬厚的胸懷感召與影響下，自然就解開了，就像消融的冰一樣漸漸化開了。

(1)儼：莊重。

4. 敦兮其若樸；曠兮其若谷；混兮其若濁。

【譯文】敦厚地就像最原始、沒有經過加工的樹木一樣；心胸寬闊地就像無盡的山谷一樣；對待事務就像把各種因素混和在一起一樣，沒有特殊的矛盾，沒有陰陽之分。

【解析】古修道人敦厚、樸素，心胸寬闊像無盡的山谷。敦厚、樸素、純潔的本性可以塑造一切所有，無盡的寬闊胸懷可以容納天下萬物，各種事物的矛盾、有無就在其中混元，有、無、無有、無無、無利、無害、無貴、無賤，又無所不有。

5. 孰能濁以靜之徐清？孰能安以動之徐生？

【譯文】誰能把正混濁在一起的事物靜下來，再讓它慢慢地恢復本源呢？誰能把安靜的事物讓它動起來，再讓它漸漸地化生新的事物呢？

【解析】誰能將混濁的事物安靜下來再變得清靜？誰又能將安靜的事物活動起來化生成為新生事物？那麼也只有能承載混濁與安靜、承載活動與化生，才可以做得到。而這一定是具有敦兮其若樸、曠兮其若谷、混兮其若濁的獨特性質才可以達到的。這裡指古修道者具有淳樸的本質、寬闊的胸懷、包容萬物的修為，而這些正是運化事物的法寶。

6. 保此道者不欲盈[1]。夫唯不盈，故能蔽而新成。

【譯文】能運用這個方法的人是不會自滿乃至驕傲的，正是因為不會這樣自滿驕傲，所以才能把原本的事物運化起來，而化生成為新的事物。

(1)欲盈：自滿、驕傲。

【解析】擁有深厚的修為，可以運用「濁以靜之徐清，安以動之徐生」的人，是不會驕傲自滿的。反之，如果驕傲自滿，也就不會擁有這種修為。只有不驕傲自滿，才可以將陳舊的事物運化起來，而產生新的事物。

運用法門

本章很重要，闡述了修道人應該具有的形象、胸懷、狀態與做事方法。

本章指出了：只有愛護萬物、尊重萬物，不自私自利干擾萬物，事物才會在你端莊的風範、寬厚的胸懷感召與影響下，像消融的冰一樣化開了；只有用敦厚、樸素、純潔的本性，才可以雕塑出無數幅美麗的畫卷；只有用可以包容無數事物的無盡胸懷，才可以「濁以靜之徐清，安以動之徐生」；只有不驕傲自滿，才可以得心應手的運化事物。

第十六章

致虛極，守靜篤。萬物並作，吾以觀復。夫物芸芸，各復歸其根。歸根曰靜，靜曰復命。復命曰常，知常曰明。不知常，妄作凶。知常容，容乃公，公乃全，全乃天，天乃道，道乃久，沒身不殆。

達到最虛空的狀態之時，（狀態和意識）虔誠地、忠實地、專一地守著靜極的狀態。萬物都在運化著，我以這個狀態觀察著萬物的反覆運化。各種各樣的芸芸眾物，都運化著並歸復其根源。萬物的根源是靜的，靜的才可以返歸於萬物的本性。知道了萬物的本性，就知道了這個本性的必然規律；知道了本性的必然規律，就可以明瞭它的應用條件。不知道萬物本性的必然規律，隨意妄作，其結果是凶險的。知道萬物本性的必然規律，就不能違背這個規律，自然就會寬容，這種寬容乃是順應著自然規律，所以是公平的。既然是公平的，就是沒有缺陷的；既然是沒有缺陷的，那就是大自然的運化規律；大自然的運化規律就是道的體現，道的體現是長久的，就永遠不會產生災難。

1. 致虛極，守靜篤[1]。萬物並作，吾以觀復。夫物芸芸，各復歸其根。

【譯文】達到最虛空的狀態之時，（狀態和意識）虔誠地、忠實地、專一地守著靜極的狀態。萬物都在運化著，我以這個狀態觀察著萬物的反覆運化。各種各樣的芸芸眾物，都運化著並歸復其根源。

【解析】這裡指在禪修狀態中感悟萬物在天道自然中的現象反應。物極而必反，虛極而實生，當修道者達到虛極時，就會與萬物「有」的本質發生共振。在最細微的資訊中，又包含著無所不有的資訊，所有的資訊是包容交合在一起的，既具有其資訊的獨立性，特殊性，又有其與所有事物資訊交融的普遍性。宇宙中所有的資訊交融在一起，無所不有。

在這虛極的狀態中，就可以觀察或感知事物的反覆運化現象，這是超越時間與空間的，為多維空間，無時空度量性。比如在這個裡面所觀察到或感知到的事物發生現象，可能一年後才會在世間表現出來，也有可能是以前就發生過的事物，也有可能在現實空間中永遠不會發生，因為那事情本來就應該是在其他空間發生的。

所有事物都有其運行規律，他們是不會脫離規律而獨立存在的。所以從規律的角度來講，一個事物的出現，也就可以推測到它的發展、變化乃至死亡，並不用費心力全程跟蹤觀察事物。掌握規律乃是根本，這就是要知道事物的常態軌跡。那麼，如果要知道事物的常態軌跡，則要致虛極，守靜篤。也就是在最虛空的狀態之時，狀態和意識虔誠地、忠實地、專一地守著靜極的狀態。漸漸地，就會感悟到各種各樣芸芸眾物的運化及本源，也就瞭解了它的規律。

(1)篤：忠實、一心一意。

2. 歸根曰靜，靜曰復命。復命曰常，知常曰明。

【譯文】萬物的根源是靜的，靜的才可以返歸於萬物的本性。知道了萬物的本性，就知道了這個本性的必然規律；知道了本性的必然規律，就可以明瞭它的應用條件。

【解析】天下萬物生於有，而有生於無。陰為陽之根，靜為動之母。萬物的陽動，要歸於陰靜之根。陰靜之中蘊含著天下所有的「有」，知道了陰靜的本源，就知道了天下萬物所有「有」的條件因素，也就知道了所有「有」的發展變化。比如：在東北的土地上，夏天埋下種子與冬天埋下種子，其結果是完全不一樣的，懂莊稼的人馬上就知道了結果：夏天的種子會生長發芽，冬天的則凍死了。

3. 不知常，妄作凶。知常容，容乃公，公乃全，全乃天，天乃道，道乃久，沒身不殆(1)。

【譯文】不知道萬物本性的必然規律，隨意妄作，其結果是凶險的。知道萬物本性的必然規律，就不能違背這個規律，自然就會寬容，這種寬容乃是順應著自然規律，所以是公平的。既然是公平的，就是沒有缺陷的；既然是沒有缺陷的，那就是大自然的運化規律；大自然的運化規律就是道的體現，道的體現是長久的，就永遠不會產生災難。

(1)殆：災難。

【解析】如果不知道規律而妄作，那麼就會發生凶險。一個人一年不吃飯，滴水不沾，不可能不被餓死。如果明白了事物的自然規律，就會很寬容，因為這是不能強行改變的，所以會自然的、寬容的對待事物；也會很公平的、客觀的、全面的看待事物。因為這本來就是天道規律，結果是必然的，人力是不可以改變的。只有這樣順應著天道做事，才會長久，才會避開災難。

運用法門

本章講述修道人的禪境狀態，及在禪境中合於虛空狀態時，認知自然規律運化的法門。這樣瞭解了萬物的運化規律，順應規律做事情，才會長久，會避開風險，沒有災難。

第十七章

太上，不知有之；其次，親而譽之；其次，畏之；其次，侮之。信不足焉，有不信焉。悠兮其貴言，功成事遂，百姓皆謂：我自然。

高高在上的（道），百姓大眾並不知道有這個（道）；比這低一點的，百姓大眾與之很親並讚譽他；再低一點的，百姓大眾畏懼他；再低一點的，百姓大眾侮辱他。對這種規律有認識不到的，有本來就不想認識或不相信的。順其自然、悠然地不隨意干擾萬物，使社會百姓大眾，順應天道自然的生息，自然達到昌盛的成功，社會發展圓滿。百姓都會說：我本來就是自然而然的生活。

1. 太上，不知有之。

【譯文】高高在上的（道），百姓大眾並不知道有這個（道）。

【解析】這裡的太上就是高高在上的意思，就是比喻道高高在上。因為百姓並不知道有這個道，或認為離自己很遠，是高高在上的天道。

2. 其次，親而譽之。

【譯文】比這低一點的，百姓大眾與之很親並讚譽他。

【解析】比這低的，那麼就是王道或聖人之道，王或聖人秉承於天道自然，並運用到百姓大眾之中，給予百姓恩惠，所以百姓親近他並讚譽他。

3. 其次，畏之。

【譯文】再低一點的，百姓大眾畏懼他。

【解析】比王道和聖人之道再低的，就是霸道。所謂霸道就是強行改變道的自然規律，那麼就不會將天道自然帶給百姓，而是強行的管理百姓，造成百姓畏懼。

4. 其次，侮之。

【譯文】再低一點的，百姓大眾侮辱他。

【解析】先期的霸道，百姓還是畏懼；但是霸道時間長了，也就是違背天道時間長了，天道自然的回饋資訊到了，報應就到了，百姓大眾就會造反，欺辱他、消滅他。

5. 信不足焉，有不信焉。

【譯文】對這種規律有認識不到的，有本來就不想認識或者不相信的。

【解析】對這種社會自然現象，很多人是認識不到的，還有本來就不想認識的，認為自己能安逸生活即可，不管其他事情。

6. 悠兮其貴言，功成事遂，百姓皆謂：我自然。

【譯文】順其自然、悠然地不隨意干擾萬物，使社會百姓大眾，順應天道自然的生息，自然達到昌盛的成功，社會發展圓滿。百姓都會說：我本來就是自然而然的生活。

【解析】這是王道或聖人之道的做法，他不僅不會干擾社會的自然發展，反而會引導百姓順應天道，使百姓在大自然之中自然而然過幸福美滿的生活。

運用法門

本章揭示了社會上的自然規律。道承載萬物而不干涉萬物，聖人、王者會將百姓引導至自然規律之中，享受生活；其他欺壓百姓者會遭受羞辱，被百姓推翻。那麼真正的修道者，在世間是行聖人之道的，他把人和事物引入天道自然之中，使其順天者昌。

第十八章

大道廢，有仁義；智慧出，有大偽；六親不和，有孝慈；國家昏亂，有忠臣。

人們不按照自然規律做事情，那麼就會產生諸多結果；做法近於遵循自然規律的人，心態是寬闊無私的，所以有慈愛之心，這樣就產生了仁義。在人們不遵循自然規律的狀況下，亂象頻出，人們需要用智慧來對待社會；這也正是說明社會上有許多虛假現象，存在著欺詐、狡猾的種種事態和心理。眾親戚不和睦，沒有了尊卑長幼的自然規矩；如果有人還是遵守這個規矩，就體現出孝順和慈愛。國家大亂、動盪，才會體現出忠臣；能憂國憂民者，自然就表現出了忠臣本色。

1. **大道廢，有仁義。**

【譯文】人們不按照自然規律做事情，那麼就會產生諸多結果；做法近於遵循自然規律的人，心態是寬闊無私的，所以有慈愛之心，這樣就產生了仁義。

【解析】當人們脫離了原始的淳樸自然，就產生了好惡之分。近於道的，心寬仁慈，樂善好施，講道義，相比於遠離自然規律的人，就體現出了仁義；而遠離自然規律的人，也必然會得到規律的懲罰，這樣的人往往目光短淺，心態狹窄，利欲心重，貪得無厭。

2. **智慧出，有大偽。**

【譯文】在人們不遵循自然規律的狀況下，亂象頻出，人們需要用智慧來對待社會；這也正說明社會上有許多虛假現象，存在著欺詐、狡猾的種種事態和心理。

【解析】真正的智慧是無智，當達到不用智慧而治理天下的時候，這才是真正的智慧。但是當打破了這種無為而治的原始、樸素的狀態，就說明社會亂了，人們爾虞我詐，貪婪自私，假貨、騙術氾濫成災，這樣就會使很多人警惕小心，時常顯現著自己的聰明，避免掉入陷阱。

3. **六親不和，有孝慈。**

【譯文】眾親戚不和睦，沒有了尊卑長幼的家族規矩；如果有人還是遵守這個規矩，就體現出了孝順和慈愛。

【解析】孝順老人、愛護孩子，本來就是天性，是理所應當的，是不必特意談論孝和慈的。但是當眾親不合的時候，人們相互推諉，互相算計利益得失，晚輩不孝順老人，長輩對待晚輩也不慈愛，這樣就使不以利益得失為條件而尊老愛幼的人，產生出了相對的孝慈。

4. 國家昏亂，有忠臣。

【譯文】國家大亂、動盪，才會體現出忠臣；能憂國憂民者，自然就表現出了忠臣本色。

【解析】好壞是相對的，福禍是相依的。國家產生動亂，忠臣良將自然就會挺身而出。

運用法門

本章論述事物的好壞、正反兩個方面，讓修道者明白好壞相依、正反共存的雙面性，這樣才能更好的理解與把握事物。

第十九章

絕聖棄智，民利百倍；絕仁棄義，民復孝慈；絕巧棄利，盜賊無有。此三者以為文不足。故令有所屬，見素抱樸，少思寡欲。

杜絕了聖人之道，棄掉智慧的做法，民眾會比以前得利百倍；杜絕了仁慈，去除了義氣，民眾回歸了原本就應該具有的孝順和慈愛；杜絕了技巧使物品產生的稀有與增值，就不會有盜賊惦記，也就不會因此產生盜賊。

只用文字表達絕聖棄智、絕仁棄義、絕巧棄利這三種情況，是不能夠完全說得清楚的，因為它還屬於一種境界，就是像沒染色的布一樣單純，像沒有加工過的、最原始的木頭一樣純真，減少自我的思想與欲念。

1. 絕聖棄智，民利百倍。

【譯文】杜絕了聖人之道，棄掉智慧的做法，民眾會比以前得利百倍。

【解析】社會返璞歸真，順應自然運化，這是最好的。社會有亂象，才體現出了聖人，社會有虛偽、奸詐，才襯托出了所謂的智慧。如果社會民風淳樸、自然安樂，並不用聖人進行教化；如果社會沒有爾虞我詐，敦厚誠實，並不用以智慧相論。如果王者能將社會治理成百姓理想的樂土，沒有亂象，沒有狡詐，當然也就不用聖人和智慧，這樣的社會則民利百倍。

2. 絕仁棄義，民復孝慈。

【譯文】杜絕了仁慈，去除了義氣，民眾回歸了原本就應該具有的孝順和慈愛。

【解析】引導社會回歸於淳樸的自然生活，在沒有邪惡與貪婪的情況下，仁慈與義氣也就沒有必要存在了。一切都遵循著天道自然而生活，尊卑長幼各歸其位，敬老愛幼，自然民復孝慈。

3. 絕巧棄利，盜賊無有。

【譯文】杜絕了技巧使物品產生的稀有與增值，就不會有盜賊惦記，也就不會因此產生盜賊。

【解析】引導民眾返璞歸真，使民眾從內心降低貪欲，這樣就不會在貪欲的促使下推高稀有物質的價值，不會因此產生盜賊。

4. 此三者以為文不足。故令有所屬，見素抱樸，少思寡欲。

【譯文】只用文字表達絕聖棄智、絕仁棄義、絕巧棄利這三種情況，是不能夠完全說得清楚的，因為它還屬於一種境界，就是像沒染色的布一樣單純，像沒有加工過的、最原始的木頭一樣純真，減少自我的思想與欲念。

【解析】只以絕聖棄智、絕仁棄義、絕巧棄利這三種情況，是不能完全表達出來的，因為這只是論述事物的表象，他的根本則是引導人們回歸本質，減少貪婪的追求，以期達到返璞歸真的境界。

運用法門

本章論述了：修道者應該認識事物的本質，絕聖棄智、絕仁棄義、絕巧棄利，可使事物回歸了無為的本源狀態。在功態中，這樣就屬於見素抱樸、少思寡欲，那麼就可以返璞歸真，提高自己的修為。

作為行世間法的聖人、王者，則應該引導民眾拋棄不當的私利，使民眾不盲目崇拜、推高稀有之貨，端正社會風氣，促進社會和諧，使民風淳樸自然。

第二十章

絕學無憂。唯之與阿，相去幾何？美之與惡，相去若何？人之所畏，不可不畏，荒兮其未央哉！眾人熙熙，如享太牢，如春登台。我獨泊兮其未兆；沌沌兮如嬰兒之未孩，儽儽兮若無所歸。眾人皆有餘，而我獨若遺。我愚人之心也哉！俗人昭昭，我獨昏昏；俗人察察，我獨悶悶。澹兮其若海，飂兮若無止。眾人皆有以，而我獨頑似鄙。我獨異於人，而貴食母。

順應天道自然規律的修行是不要有憂慮的。安心修行最終會獲得與天地同在的真人境界，不僅了脫生死，而且與道相合，無為而無不為。以修道的境界來看，人世間的唯唯諾諾與阿諛奉承，能怎麼樣呢？人世間美好的與醜惡的，又能有多大差別？雖然說世間人們所畏懼的，不可不畏懼，但是茫茫的宇宙空間啊，它沒有中央！世間的眾人熙熙嚷嚷的，就像享受著大自然給予的最好的犒勞；就像春天登台遠望美景。而我（作為一個修道人）卻獨自停泊在沒有邊際的宇宙空間中，混混沌沌的如同沒發出聲音的嬰兒，累累的茫茫然無所歸附。眾人在世間皆有所得，而惟獨我卻恐怕遺失了什麼。在世人看來，我這就是愚蠢的心態啊！世人把什麼事情都要算計得很明白，而我確昏昏然，不會去計算；世人仔細檢察事情，很怕損失自己的利益，而我卻沉悶下來，不會去那麼做。我的心態就像水中起的波紋化入到大海之中一樣，而世人的利欲貪念卻像不斷刮起的風一樣，沒有休止。世間眾人都有顯耀的東西，而我卻對那些東西不屑一顧，頑固得似乎鄙視一樣。我獨自與世間眾人不一樣，因為我是修道的人，珍惜來自於道的母親般的哺育。

1. 絕學無憂

【譯文】順應天道自然規律的修行是不要有憂慮的。安心修行最終會獲得與天地同在的真人境界，不僅了脫生死，而且與道相合，無為而無不為。

【解析】在世間的有為法之中，沒有絕對的事物，沒有絕學。因為在此之中，一定還會產生更加高明的方法。所以在有形之中沒有最大、最高，只有更大、更高，沒有止境。既然在有中沒有最大，那麼我們反過來看，在無中找怎麼樣呢？從《道德經》第四十章中「天下萬物生於有，而有生於無」的理論中可以看出來，有之根乃無，無中才可生萬物。飛機、大炮、火箭、輪船、電燈、電話、電腦等等各種高科技，都是在之前的沒有中創造出來的。修道就是修無，修無中生有，修萬物之根。既然無中可以化生萬物，那麼掌握了「無」就是掌握化生萬物的鑰匙，也就是創造所有「有」的條件。到底什麼是絕學呢？在有形之中沒有絕學，但是所有「有」卻是在無中化生出來的，那麼絕學就在「無」中了。道的大是無窮無盡的，道的小又是無所不在的，它包含著所有「有」及所有「有」的運化方法，所以說修道才是絕學！

修道包含著所有事物的運化規律，認識了這個規律，就可以運用規律，解決事物。一種所謂的絕症疾病，當明白了宇宙中陰陽對立統一的規律，找到矛盾的事物對立面，陰陽合和，疾病就會被治療好了。宇宙之中所有的物質都有陰陽，比如說，我們的身體在宇宙中有形有質，為陰，我們的身體對應方面就是自己的生物資訊場，為陽。所以，調整生物資訊場的「陽」就是治療生命本體的「陰」最行之有效的方法，它就是治療疾病的鑰匙，其實這也就是修道的過程之一。

修道者，順應自然規律修行自己，順天則昌，不會有災難；與道相合，與宇宙本源相合，無為而無不為，可掌握、運化一切事物，所以也不會有憂慮。也就是絕學無憂。

2. 唯之與阿，相去幾何？美之與惡，相去若何？

【譯文】以修道的境界來看，人世間的唯唯諾諾與阿諛奉承，能怎麼樣呢？人世間美好的與醜惡的，又能有多大差別？

【解析】在修道人眼中，世間一切都是過眼雲煙，都是不長久的，所以唯唯諾諾與阿諛奉承、美好的與醜惡的，都是短暫的、不長久的，離道太遠了。

3. 人之所畏，不可不畏，荒兮[1]其未央哉！

【譯文】雖然說世間人們所畏懼的，不可不畏懼，但是茫茫的宇宙空間啊，它沒有中央！

【解析】在世間之中，人們所畏懼的，修道人也要畏懼。這就是：修道人在世間，要遵循世間法做事，不然就不能正常修道。

舉一個普遍性的例子：比如世間人怕沒錢、怕餓肚子，需要過好生活，所以很多人不擇手段的賺錢；修道人也畏懼貧窮，也需要錢生活，有正常的生活才可以安心的修道，不然連飯都吃不飽，怎麼可能修道，更談不上佈道、傳道。只是兩者得財的原則不一樣，很多世人只要能賺到錢就去做，無論坑蒙拐騙等各種方式，賺到就好。而修道者是順應天道自然規律得財，不取不義之財，捨得要求平衡，而且做的是正因正果和正捨正得，也就是好的、善的念頭去做事情而得到的果報。古修道者

(1)荒兮：茫茫的。

們講「無財不足以養道」，所以修道者們也順天而行做事情，並取得回報。

由於順天者昌，故很多修道者財物也都比較豐厚。但是也有少數一些修道者對錢財嗤之以鼻的，甘願苦修，修道比較艱辛，成道難度也大。而也有的修道者說，自我在世俗間邊做事邊修行了很多年，想要積累些錢財，可為什麼還是達不到？還是很貧窮？那麼這就需要找一找自己的問題了，並請其他修道者以客觀的角度檢視一下自己，看做事是否真的順合了天道？付出是否會得到天道的良好回報？這樣就一定會找出問題。因為天道規律是必然的，合於天道的做事及付出，不可能得不到應有的回報！而不合於天道的做事不僅不會得到好報，還容易形成惡果。

作為一個修道的人，要以客觀公平的心態看事情，如果兩個人合作做事情，事情成功、有了回報，兩個人要公平的取得各自的應得。如果修道人沒有公平獲取到應得的回報，也不要強討，如果強討很可能會形成惡因，得到惡果，最後得不償失。所以不要強討，笑一下事情就過去了，把事情忘掉，這就形成了善因。

而這事情的最後結果，該是你的所得還會是你的，天道自然規律還是會以某種形式回給你，不會真正失去的。而沒有公平對待你、貪得你成果的人，會受到天道自然規律的懲罰而得到惡果，也會得不償失的。

但是如果在成果分配中，對方謙讓，你在卻之不恭的情況下獲得了更多，那麼你就要把多獲得的一些以某種慈善形式捐出去，這樣你不僅沒有貪得多獲得的東西，反而種了善因，會形成更大的善報。而多給予你成果的夥伴也由於合於道的禮讓、謙下，種下了善因，以後也會獲得更大的所得。

請修道者切記，不是由於自我的付出而得到的成果，或者超出自我付出而得到的成果，一定要慈善地捐給更需要的人。平白無故的東西是不能要的，馬路上白撿了一萬塊錢，那不是修道人能用的，如果使用了，那就是形成惡果的種子，便宜是不能隨便占的。種種類似的事情，就是致使人貧窮的重要因果之一。

世人所畏懼的，修道人要畏懼；世人所不畏懼的，修道人也要畏懼。因為修道人懂得更多自然規律的運化及其因果，該運用的我們循道應用，該避諱的我們一定要避諱，這樣才是順天者昌，沒有災難。修道人遵循自然規律，不違背規律。在遵循著世間法做事的同時，修道者也不要忘了自己修行的本來目的。

在本段之中的「荒兮其未央哉」，就是離開世俗的功態，在功態與道相合的境界中，是沒有中間的空間，是無窮無盡的宇宙。本段講述了作為一個修道者，雖然行世間法，但還要保持著離開世俗間的修道狀態。

4. 眾人熙熙，如享太牢[1]，如春登台。我獨泊兮其未兆[2]；沌沌兮如嬰兒之未孩，儽儽兮若無所歸。

【譯文】世間的眾人熙熙嚷嚷的，就像享受著大自然給予的最好的犒勞；就像春天登台遠望美景。而我（作為一個修道人）卻獨自停泊在沒有邊際的宇宙空間中，混混沌沌的如同沒發出聲音的嬰兒，累累的茫茫然無所歸附。

(1)太牢：最好的犒勞。
(2)未兆：沒有徵兆，本章指沒有宇宙空間邊際的徵兆。

【解析】這一段是世間人和修道人的狀態對比。世人只顧享受眼前美好的生活，並不知道除了現實空間以外，宇宙大自然中還有無數個其他空間；而世間是短暫的，無常的，轉眼即逝的，但空間確是無限的。修道者則與世人不一樣，他要珍惜人世間有限的時間，為實現人天合一、進入多維空間而努力修行，這個目標也是道家所謂的得道成仙、羽化的理念。

在修道的過程中，既有混混沌沌、如同嬰兒一樣純真的狀態，表示人體返璞歸真，歸於宇宙原始的本源；也有累累的、茫茫然無所歸附的孤獨狀態，這說明在修道過程中的苦處，要經過心苦、身苦，及至六根震動，脫胎換骨，才可以達到光明的彼岸。

5. 眾人皆有餘，而我獨若遺。我愚人之心也哉！

【譯文】眾人在世間皆有所得，而惟獨我卻恐怕遺失了什麼。在世人看來，我這就是愚蠢的心態啊！

【解析】眾人在世間吃喝玩樂、享受幸福，物質生活豐富有餘，而惟獨作為一個修道者，恐怕享受了世間的美好而忽視了修道。這想法和擔心，在只顧眼前的世人看來，有多麼可笑和愚蠢啊！

6. 俗人昭昭，我獨昏昏；俗人察察，我獨悶悶。澹[1]兮其若海，飂[2]兮若無止。

【譯文】世人把什麼事情都要算計得很明白，而我確昏昏然，不會去計算；世人仔細檢察事情，很怕損失自己的利益，而我卻沉悶下來，不會那麼做。我的心態就像水中起的波紋化入到大海之中一樣，而世人的利欲貪念卻像不斷刮起的急風一樣，沒有休止。

(1)澹：水波紋。
(2)飂：刮起的急速風。

【解析】世人要貪得自己的利益，精打細算，而作為修道者卻不會那麼做。因為修道人的心胸就要向大海一樣，即使有一點漣漪，也會很快的溶合於大海之中了；但世人的貪欲卻像不斷刮起的狂風一樣，永不休止。

7. 眾人皆有以，而我獨頑似鄙。我獨異於人，而貴食母(1)。

【譯文】世間眾人都有顯耀的東西，而我卻對那些東西不屑一顧，頑固的似乎鄙視一樣。我獨自與世間眾人不一樣，因為我是修道的人，珍惜來自於道的母親般的哺育。

(1)母：道。

【解析】世間眾人都有值得顯耀的東西，因為他們看重世間生活，但世間生活卻是短暫的；而道是無窮無盡的，修道者映合於道修行，並不會局限於眼前的短暫生活，所以也並不認為那些世間東西值得炫耀。在別人看來，修道者不感興趣，頑固的似乎鄙視那些東西一樣。然而，作為一個修道者，其實也並不會真的鄙視什麼，只是單純的不感興趣或不貪婪那些而已，不然也就不是修道者了。修道者認為值得珍惜的是道，是得自於大自然母親般的能量，這樣才可以天長地久。

運用法門

本章講述的是：順天道修行自己，其結果一定是好的，是成功的，乃至絕學無憂。修道者的行為和意識要更為深遠，不要與世人一樣貪圖榮華富貴，應該長遠地看待宇宙空間。只要堅持修行，就會得到天道自然的能量，與道相合，天長地久。

本章最後一句「而貴食母」與第一句「絕學無憂」前後應和，說明了只要堅持修道，就可以得到大自然的能量，可以成功，可以無憂了。

第二十一章

孔德之容，惟道是從。道之為物，惟恍惟惚。惚兮恍兮，其中有象；恍兮惚兮，其中有物；窈兮冥兮，其中有精，其精甚真，其中有信。自今及古，其名不去，以閱眾甫。吾何以知眾甫之狀哉？以此。

認識非常非常大的、以至於大到空的東西，和它的運化現象，只有從道裡面找。道這個東西，只有在恍和惚的狀態中可以體現出來。在惚和恍的狀態中，裡面有它的景象；在恍和惚的狀態中，裡面有它的事物反映；在超越時間和空間的狀態中，裡面有它的精華，它的精華是事物的真實反映，在其中有它的資訊。從現在的，追溯到古代的東西，能叫出名字的事物是存在的，大家可以觀察得到的。我又怎麼能知道大家的情況呢？就是以這種狀態來知道的。

1. 孔德(1)之容(2)，惟道是從。道之為物，惟恍惟惚(3)。

【譯文】認識非常非常大的、以至於大到空的東西，和它的運化現象，只有從道裡面找。道這個東西，只有在恍和惚的狀態中可以體現出來。

【解析】修道者需要認知浩瀚的宇宙空間，只有從修道裡面找。那麼如何認知「道」呢？只有用恍惚的境界去體驗道及其現象反應。恍惚超越了現實中具體時空的體會和感知，無時空度量性。這恍惚的境界就是修道者「致虛極、守靜篤」的禪修功態，這樣就可以「破我執」，打開自我心意與狀態，忘我、無我，進入與時空相合的功態中。

2. 惚兮恍兮，其中有象；恍兮惚兮，其中有物。

【譯文】在惚和恍的狀態中，裡面有它的景象；在恍和惚的狀態中，裡面有它的事物反映。

【解析】在恍兮惚兮這個功態中，就好比我打開了自我的門窗，與外界溝通交流映合，可以感知到事物客觀實在性的景象；在惚兮恍兮的功態中，就好比外界的東西在敲打我的門窗，我將自我的門窗打開，就瞭解了外界事物的狀況。

3. 窈兮(1)冥兮(2)，其中有精，其精甚真，其中有信。

(1)孔德：孔通「空」，德爲「方法與行爲」。孔德即是瞭解認識大到乃至空無的東西的方法與行爲。
(2)容：運化現象。
(3)惟恍惟惚：恍爲自我感覺到的光陰、時間的流動現象的反應；惚爲自我心意感覺到的忽然之間之中的狀態。恍是感知到客觀實在性的現象；惚是好比打開了自我的這一扇門，接收到了外部事物。惟恍惟惚即是打開了自我心意與狀態，並進入與外部時空相合的境界中。

【譯文】在超越時間和空間的狀態中，裡面有它的精華，它的精華是事物的真實反映，在其中有它的資訊。

【解析】在這個狀態中，是超越時間與空間的，各個時間與空間的資訊都是存在的，其中有獨立的、特殊的精華資訊；這種精華資訊是可以反映事物具體的運行狀態與發展變化軌跡的，是真實的，因為這真實的事物中有它獨特的資訊。

4. 自今及古，其名不去，以閱眾甫。吾何以知眾甫之狀哉？以此。

【譯文】從現在的，追溯到古代的東西，能叫出名字的事物是存在的，大家可以觀察得到。我又怎麼能知道大家的情況呢？就是以這種狀態來知道的。

【解析】資訊是超越時空的，一切事物都有其軌跡，所有存在的事物，都有其資訊可以反應出來，只是看能否掌握得到。如果以修道的境界，在恍惚之中，窈兮冥兮之中，是可以掌握這些資訊的。在這個狀態中，從現在的到古代的資訊，都可以使其顯現出來閱覽。這一境界，也同樣可以知道當時眾人的情況以及眾人以後的變化情況。

運用法門

本章論述的是修道功態中的關鍵之處——恍惚。其重點是：需要修道者打開自我心意與狀態，忘我、無我，進入與時空相合的功態中。功態中出現的景象反映，修道者不要追求，不宜宣講，那是修道的必然過程，很多修煉者都可以出現。雖然應該可以達到如第四十七章講的「不出門，便知天下事」，或傳說中諸葛亮「不出茅廬即知三分天下」的結果，但那不

(1)窈兮：時間的深遠，超越時間。
(2)冥兮：另外的空間，超越空間。
注：請看本書前言中關於合成資訊與特性資訊的論述。

是真正的修道者所追求的，修道者自己主觀上也並不想知道那些所謂的天機。真正的修道者不會把功態中的所謂天機說給人知道，以免出現不當結果，毀壞修行，所以會知而不講。

修道者要淡泊名利，不要到處宣講、誇耀自己有所本領。宣講、誇耀自己的人，並沒有真本事；吹噓自己得道、成道的人，並不懂真道。其真實的目的不是求名就是求利，而往往又沒有多少實在功態，因為名利之中合成資訊場氾濫，假多真少。

第二十二章

曲則全、枉則直、窪則盈、敝則新、少則多、多則惑。是以聖人抱一為天下式。不自見，故明；不自是，故彰；不自伐，故有功；不自矜，故長。夫唯不爭，故天下莫能與之爭。古之所謂曲則全者，豈虛言哉！誠全而歸之。

順著事物的變化而變化，則可以使自己完整，不受損害；屈就自己，可以使事物通達；凹陷的窪地才可以充滿清水；陳舊到了一定程度就會產生新的事物；積少才可以成多；貪多的結果往往就會迷失方向。所以聖人走遍天下都以謙虛、謹慎、踏實、不貪得為標準方式。

不固持己見，所以能看明白事情；不自以為是，所以能受到別人的表揚和尊重；不自我誇耀，才得到別人的重視而不埋沒功勞；不自負不驕傲，才可以長久。正是以這種不與人相爭的態度做事情，所以天下人也不會與一個不相爭的人相爭。古人講的所謂「順著事物的變化而變化，則可以使自己完整，不受損害」的言論，不會是空話啊！以虔誠的為之下的態度做出圓滿的事情，這就是歸之於道的法則。

1. 曲則全、枉則直。

【譯文】順著事物的變化而變化，則可以使自己完整，不受損害；屈就自己，可以使事物通達。

【解析】矛盾的事物，其特點是既對立又統一的，一方面為陰，另一方面則為陽，陽可以制約陰，陰也可以制約陽。發生的事情為陽，對應解決事情的方法為陰。事物出現了不斷的變化，針對解決事情的方法，也隨之順應事物的變化而不斷的變化。順應事物發展的做事方法，看著是彎曲的，不是直線的，不是一條路走到底的；順應事物的變化而變化，既可以解決事情又可以保全自己，這就是曲則全。看起來似乎很屈就，但這是解決問題的最好方法，是最直接的，這就是枉則直。

2. 窪則盈、敝則新。

【譯文】凹陷的窪地才可以充滿清水；陳舊到了一定程度就會產生新的事物。

【解析】現世間的物品都是用空間來承裝的，空間越大裝的東西越多。那麼，越是低窪的地方，它的空間就越大，承裝的就越多，反之，凸鼓的地方是承裝不了東西的。所以只有形成了低窪的狀態，才可以裝滿你需要的東西，即窪則盈。事物是不斷變化的，如果以陳規守舊、一成不變的方式，是不符合事物的發展變化的，只有打破陳舊，才可以迎接新生事物，即敝則新。

3. 少則多、多則惑。

【譯文】積少才可以成多；貪多的結果往往就會迷失方向。

【解析】做事情是需要一步一步來的，偉大的事業也要從第一步做起。摩天大樓是從地基做起，再一層一層疊蓋起來的，奔跑的汽車是用無數個零件組裝起來的，所以只要能選好方向，走出正確的第一步，成功就指日可待了。如果貪多，則基礎不牢，後面就越來越難做，以至於迷失方向。比如蓋大樓，貪進度趕工期，地基沒打好，大樓越蓋越歪，這時就很迷惑了：放棄就會損失慘重，再蓋下去危險指數就會越來越大……當初貪多的惡果就體現出來了，這也是多則惑。

4. 是以聖人抱一為天下式。不自見，故明。

【譯文】所以聖人走遍天下都以謙虛、謹慎、踏實、不貪得為標準方式。不固持己見，所以能看明白事情。

【解析】聖人（包括修道者）都是以謙虛、謹慎、踏實、不貪得的態度，作為始終如一的行為方式。這樣不固持己見，能聽到各方面的聲音，所以能客觀的看待事情，把事情看得非常明白。

5. 不自是，故彰；不自伐(1)，故有功；不自矜，故長。

【譯文】不自以為是，所以能受到別人的表揚和尊重；不自我誇耀，才得到別人的重視而不埋沒功勞；不自負不驕傲，才可以長久。

【解析】不著意表現自己，不自以為是，尊重別人的意見；有了成績並不自誇、不自負、不驕傲，會得到別人從內心的尊重和表揚。這樣行事內斂，以心換心，顧及別人的感受，才會真正的長久。

(1)伐：自我誇耀。

6. 夫唯不爭，故天下莫能與之爭。

【譯文】正是以這種不與人相爭的態度做事情，所以天下人也不會與一個不相爭的人相爭。

【解析】這就是不與人相爭的處世之道，正是這種處世之道，換來了長久的尊重，對方也就不會與之相爭。與人相爭就是與自己相爭；善待他人就是善待自己；寬厚的對待他人，自己就會獲得更加寬廣的空間。

7. 古之所謂曲則全者，豈虛言哉！誠全而歸之。

【譯文】古人講的所謂「順著事物的變化而變化，則可以使自己完整，不受損害」的言論，不會是空話啊！以虔誠的為之下的態度做出圓滿的事情，這就是歸之於道的法則。

【解析】古人總結的經驗是以謙虛、謹慎、為之下的行為方式，順應著事物的變化而變化，這樣就會周全。這是經過無數實踐而驗證出來的，並不是空話。這是符合於道的自然規律的，也即為明哲保身。

運用法門

本章講授的是修道者應具有的行為方式。修道者運用曲則全、枉則直、窪則盈、敝則新、少則多、多則惑的理念應對事物，就會得到符合於道的理想結果。本章中不固持己見、不自以為是、不自我誇耀、不自我驕傲的行為及態度，不僅會促使事物圓滿，更重要的是會使事物長久。所以這也是重要的運用法門。

第二十三章

希言自然。故飄風不終朝，驟雨不終日。孰為此者？天地。天地尚不能久，而況於人乎？故從事於道者，同於道；德者，同於德；失者，同於失。同於道者，道亦樂得之；同於德者，德亦樂得之；同於失者，失亦樂得之。信不足焉，有不信焉。

很少有人說這樣的自然規律。比如狂風刮不了一個早晨，急促的強大暴雨也下不了一整天。這是誰使它這樣的呢？是天地。天地都不能使狂風和暴雨更長久，何況是人呢？所以，順應於道的自然規律修行的人，是同一類人；順合自然規律做事的人，是同一類人；在社會上失敗的人，是同一類人。循天修道的人，就會獲得更好的修行狀態與層次，道也會給予他加持；順應道的自然規律做事的這一類人，自然規律的大門就向他敞開著；以在社會上失敗的狀態或品質做事的這一類人，自然就會得到低級的、失敗的、沒落地、庸俗的狀態。對以上這樣的觀點，有的半信半疑，有的完全不信。

1. 希言[1]自然。故飄風不終朝，驟雨不終日。

【譯文】很少有人說這樣的自然規律。比如狂風刮不了一個早晨，急促的強大暴雨也下不了一整天。

【解析】世間有很多自然而然出現的現象，但是人們並沒有多加留意，所以也沒有人講。比如狂風（例：龍捲風）刮不了一個早晨，急促的強大暴雨也下不了一整天。這說明了事物是短暫的，不長久的。

2. 孰為此者？天地。天地尚不能久，而況於人乎？

【譯文】這是誰使它這樣的呢？是天地。天地都不能使狂風和暴雨更長久，何況是人呢？

【解析】狂風和大暴雨是誰使它出現的呢？是天地。天地都不能使事物長久，而人力又能使事物長久嗎？答案當然是不可能的。

3. 故從事於道者，同於道；德者，同於德；失者，同於失。

【譯文】所以，順應於道的自然規律修行的人，是同一類人；順合自然規律做事的人，是同一類人；在社會上失敗的人，是同一類人。

(1)希言：很少有人說。

【解析】所以，修行的人就會自然而然的走在一起。本章「德者，同於德」中的德者，是指順應自然規律做事的人，也就是說這樣的一類人會走在一起；「失者，同於失」中的失者，是指做出的事情低下、衰落或為社會所不恥的人，比如屢教不改的慣偷，尋畔滋事的社會混混，以坑蒙拐騙為業的罪犯等等，這一類人是會走在一起的。比如，現今社會中的一個現象：東西被小偷偷走了，可能讓另一個小偷去找，比報警尋找快得多，因為那些小偷多數都相互認識；有人助人打架，找了一個社會混混，他就會帶了一群混混來。這就是人以群分、物以類聚。

4. 同於道者，道亦樂得之；同於德者，德亦樂得之；同於失者，失亦樂得之。

【譯文】循天修道的人，就會獲得更好的修行狀態與層次，道也會給予他加持；順應道的自然規律做事的這一類人，自然規律的大門就向他敞開著；以在社會上失敗的狀態或品質做事的這一類人，自然就會得到低級的、失敗的、沒落地、庸俗的狀態。

【解析】真正修道的人，道就會給予他；順應道的規律做事的人，就會得到大自然的恩惠，順天則昌；以失敗品質做事的人，不好的資訊就會與之共振，漸漸地周圍就會出現了很多這一類人，自己也就真正的變為失敗的人。

5. 信不足焉，有不信焉。

【譯文】對以上這樣的觀點，有的半信半疑，有的完全不信。

【解析】這些觀點，有的人相信，有的人半信，有的人不相信。從這開始，就看出了不同類人群有著不同的思想，也就產生了人群的劃分。

運用法門

本章講述的是：世間沒有永恆的事物，天地也不能使事物長久，人生更不長久，所以要抓緊有限的時間來修行，以期達到像上古真人一樣與道同在。自然規律是人以群分、物以類聚，只要你能喜歡道，循道修行，道也喜歡你，會給予你相對應的結果。背離道的人，道也會遠離他，他的人世間就會更加失落或短暫。

第二十四章

企者不立；跨者不行。自見者不明；自是者不彰；自伐者無功；自矜者不長。其在道也，曰餘食贅行，物或惡之，故有道者不處。

踮著腳的人，是站立不穩的；大步跨越者，是不能正常行走的；固持己見的人，是看不明白事情的；自以為是的人，是得不到表揚的；自我誇耀的人，是沒有功勞的；自負和自我驕傲的人，是不會長久的。這些缺點如果用在修道上，就像吃剩的食物、身上的贅肉一樣，令道所不喜歡或厭惡，所以修道的人，是不會那麼做的。

1. 企者[1]不立，跨者不行。

【譯文】踮著腳的人，是站立不穩的；大步跨越者，是不能正常行走的。

【解析】踮腳站立不穩，大步跨越不能行走，說明做事不能急於求成，急於求成反而達不到目標。想要更進一步，一定要建立在打好基礎的前提下。

2. 自見者不明，自是者不彰。

【譯文】固持己見的人，是看不明白事情的，自以為是的人，是得不到表揚的。

【解析】自己能看得到的東西是有限的，多一雙眼睛，視野就提高了一倍。所以，只以自我的見解對待事物，就不能看清事物的整體。自我固持的前提是聽不得別人的意見，自以為做出的事情是對的，但其實很多是錯的，這樣的行為不會得到眾人的讚賞。

3. 自伐者無功，自矜者不長。

【譯文】自我誇耀的人，是沒有功勞的；自負和自我驕傲的人，是不會長久的。

【解析】有功勞是客觀的，是大眾看得到的，並不用到處宣揚、誇耀自己，那樣張揚反而會抵消自己做出的功勞。滿招損、謙受益，驕傲的人總是以為別人不如自己，看自己到處是優點，看別人滿身都是缺點，認不清事物的客觀性，習慣的自以為是。這種狀態，反而會讓別人看不起，招致不信任，損害聲譽及影響後續的發展道路。所以驕傲的人不會長久！

(1)企者：踮著腳的人。

4. **其在道也，曰餘食[1]贅[2]行，物或惡之，故有道者不處。**

【譯文】這些缺點如果用在修道上，就像吃剩的食物、身上的贅肉一樣，令道所不喜歡或厭惡，所以修道的人，是不會那麼做的。

【解析】以修道者的觀點看待「企者、跨者、自見、自是、自伐、自矜」這些行為狀態，是錯誤的思想意識造成的嚴重缺點，就像身體中多餘的毒瘤，有害而無益。這些惡習，是不符合修道的自然規律的，所以修道的人一定不要那麼做。

(1)餘食：吃剩的殘羹。
(2)贅：贅是指多餘的東西，贅行就是身體上多餘的大贅肉（大腫瘤），影響行動。

運用法門

本章讓人明白，具有急於求成、固持已見、自以為是、自我誇耀與驕傲這些缺點的人，會出現看不明事物、達不到目標、得不到讚賞、做事不會長久的惡果，囑咐提醒修道者，不要沾染那些惡習。

第二十五章

有物混成，先天地生。寂兮寥兮，獨立而不改，周行而不殆，可以為天地母。吾不知其名，強字之曰道，強為之名曰大。大曰逝，逝曰遠，遠曰反。故道大，天大，地大，王亦大。域中有四大，而王居其一焉。人法地，地法天，天法道，道法自然。

有一個混成在一起的東西，比天地形成的還早。它沒有聲音也沒有形狀，獨自而立，並不受外界的影響而改變，周而復始的運行而不休止，可以作為天地的母親。我不知道它的名字，勉強的稱其為道，勉強的稱它為大。它大到看不見邊際，而這個邊際極其久遠，雖然邊際久遠，但它還是會回返。道大、天大、地大、王也大，宇宙之中有四大，而王是其中之一。人遵循著地的法則，地遵循著天的法則，天遵循著道的法則，道法則是宇宙的大自然之法。

1. 有物混成，先天地生。

【譯文】有一個混成在一起的東西，比天地形成的還早。

【解析】有一個混元在一起、比天地形成還早的東西，誰也說不清是什麼時候形成的。總之，是在很早很早以至於無窮早的時候就已經存在了。

2. 寂[1]兮寥[2]兮，獨立而不改，周行而不殆，可以為天地母。

【譯文】它沒有聲音也沒有形狀，獨自而立，並不受外界的影響而改變，周而復始的運行而不休止，可以作為天地的母親。

【解析】它有自己的獨特規律，並有自己的運行軌道，但它又是沒有形狀沒有聲音的。它是完全獨立的，也不會受到外界干擾，並按自我的軌跡反覆運行，從不間斷。在它的運行之下，產生了天地，可以說是天地的母親。

3. 吾不知其名，強字之曰道，強為之名曰大。

【譯文】我不知道它的名字，勉強的稱其為道，勉強的稱它為大。

【解析】這個東西是虛無飄渺的，從來也沒聽人說過它有什麼名字，所以我也不知道這個東西的名字，或許它原本就沒有名字。那麼，我就勉強的稱其為「道」吧！由於它又是虛無飄渺且無邊無際的，再勉強的說它為「大」吧！

(1)寂：無聲。
(2)寥：無形。

4. **大曰逝，逝曰遠，遠曰反**(1)。

【譯文】它大到看不見邊際，而這個邊際極其久遠，雖然邊際久遠，但它還是會回返。

【解析】道大到虛無飄渺、無邊無際的，就好像消逝了邊際一樣，其實這個邊際在很遠很遠的地方又會折返回來，形成了道的運行規律。

5. **故道大，天大，地大，王亦大。域中有四大，而王居其一焉。**

【譯文】道大、天大、地大、王也大，宇宙之中有四大，而王是其中之一。

【解析】道是無窮大的，所謂其大無外；天也是極大的，沒有盡頭；地也是很大的，一望無際；但是王也大，王是什麼呢？王是天下的首領，他承載於天下民眾，帶領民眾順應天道自然，並運用自然規律，讓百姓順天則昌，安居樂業的生活。王心胸中裝著天下民眾，與民同甘共苦。第七十八章「受國不祥，是為天下王」，天下黎民百姓的屈辱，要體現在王的身上，所以王也是大的。

6. **人法地，地法天，天法道，道法自然**。

【譯文】人遵循著地的法則，地遵循著天的法則，天遵循著道的法則，道法則是無窮無盡的宇宙大自然之法。

(1)反：通返。

【解析】大自然是有規律的，人在大地上生活，依附在大地的水土、空氣的自然環境下生存。地球是順應著太陽及銀河系的相關規律而運行的，而銀河系等天體又是在道的無窮無盡的空間中運化，道也是宇宙大自然的規律。

運用法門

本章主要闡述道的狀態、道的規律運化方式，以及人天合一的自然觀。人要順天道自然規律生活，才可以安居樂業，頤養天年。

宇宙是沒有中心的，道也是沒有中心的。道的規律運化在無窮遠處可以折返，在無窮近處也可以折返；可以在外面折返，可以在裡面折返，又可以在所有的地方折返；它其大無外，其小又無內。從另一個角度來講，它處處都是因，又處處都有果，這也是道的規律體現。

應用在人世間，就是因果報應循環不斷，種瓜得瓜、種豆得豆；因是果的開始，果是另一個因的開始，世間根本就沒有孤立存在的獨立事物。所以現在種好善因，今後就會得到好果。無論現在的果報好壞如何，我們都要勇於承擔，以合於道的規律，對應性地解決問題。只有承擔起現在的果，種好以後的因，才可以看明白道的規律，這樣才會自然的、幸福的、頂天立地的生存於宇宙之中。

第二十六章

重為輕根，靜為躁君。是以君子終日行不離輜ㄗ重，雖有榮觀，燕處超然。奈何萬乘之主而以身輕天下？輕則失本，躁則失君。

重的物質是輕的物質的根源，靜是急躁的主宰。所以君子在每天活動之中，都離不開端莊的儀表、穩重的心態。雖然儀表華麗端莊，但神情卻顯得很超然。主宰天下的王者，怎麼可能以輕浮的心態、急躁的行為管理天下呢？輕浮就失去了根源，急躁就失去了對事物的主宰。

1. 重為輕根，靜為躁君。

【譯文】重的物質是輕的物質的根源，靜是急躁的主宰。

【解析】世間萬物皆有陰陽，而陰陽是不可分割的。重的、內在的、安靜的、寒冷的為陰，陰是處於內部的、下方的，為陽之根；輕的、外在的、活躍的、火熱的為陽，陽是處於外部的、上方的，為陰之表。所以重為輕根，靜為躁君。

2. 是以君子終日行不離輜重[1]，雖有榮觀，燕處超然。

【譯文】所以君子在每天活動之中，都離不開端莊的儀表、穩重的心態。雖然儀表華麗端莊，但神情卻顯得很超然。

【解析】所謂君子，即指心胸寬闊、仁義待人的善良之士。而這類人士的行為經常自然的合於天道規律，所以他們多是順天而行者，自然地反應著陰陽的規律。他們具有內在的、穩重的氣質，同時又具有超然的、陽光的外在狀態。

3. 奈何萬乘之主而以身輕天下？

【譯文】主宰天下的王者，怎麼可能以輕浮的心態、急躁的行為管理天下呢？

【解析】作為一個君子，可以同時具有屬於陰性的內在、穩重的狀態，和屬於陽性的超然、陽光的氣質。而作為主宰天下的王者，怎麼可能以輕浮的心態、急躁的行為管理天下呢？

[1] 輜重：端莊穩重。

4. 輕則失本，躁則失君。

【譯文】輕浮就失去了根源，急躁就失去了對事物的主宰。

【解析】只有輕浮、急躁的陽，失去了制約的陰，就沒有了根基，也就失去了對事物的主宰。

運用法門

本章闡述的是：修道人或管理天下的王者，要陰陽具備，不可缺陰少陽。作為管理天下的王者，則既要有沉穩的、理智的謀略，又要有開闊的進取行動；既要有社會內部的安定團結，又要有外部社會的交流、學習與發展。對於修道者而言，修煉上要陰陽具備，既要修行陽性的性功及其功態，又要修煉陰性的命功及其功力。在修煉中的動功與靜功也是屬於一對陰陽，缺一不可，不可單修其一。

第二十七章

善行無轍跡；善言無瑕謫；善數不用籌策；善閉無關楗而不可開；善結無繩約而不可解。是以聖人常善救人，故無棄人；常善救物，故無棄物。是謂襲明。故善人者，不善人之師；不善人者，善人之資。不貴其師，不愛其資，雖智大迷。是謂要妙。

合於道的行為是沒有痕跡的；合於道的語言是沒有瑕疵的；合於道的計算是不用竹籤計數的；合於道的閉合是不用門閂鎖住的，但是卻找不到破綻可以將其打開；合於道的捆綁是不用繩子約束的，但是卻找不到破綻將其解開。所以聖人經常合於道地度化人，不會放棄度化人；經常合於道地運用事物，不會放棄事物。這就是承襲古修道人的做法與經驗，會使人越來越能看得明白事物。所以合於道的人，是不合於道的人的老師；不合於道的人，是合於道的人的鏡子。不尊重自己的老師，不借鑒經驗，雖然聰明，但是到了一定的程度，就會出現很大的迷茫。這個道理，就是最重要的修行法門。

1. 善行(1)無轍跡(2)，善言(3)無瑕謫(4)。

【譯文】合於道的行為是沒有痕跡的；合於道的語言是沒有瑕疵的。

【解析】陰陽是對立統一的，一把鑰匙開一把鎖，世間沒有打不開的鎖，端看有沒有找到最合適的鑰匙。符合於道的行為，就是打開事物的最合適的鑰匙，這樣的行為是不會留下痕跡的，因為它是最合適的，不會使事物受損，所以事物上不會留下痕跡。符合於道的語言是不會留有瑕疵的，因為這種語言是最適合於對方的。

(1)善行：合於道的行爲。
(2)轍跡：痕跡。
(3)善言：合於道的語言。
(4)瑕謫：缺點、瑕疵。

2. 善數(1)不用籌策(2)；善閉(3)無關楗(4)而不可開；善結(5)無繩約(6)而不可解。

【譯文】合於道的計算是不用竹籤計數的；合於道的閉合是不用門閂鎖住的，所以找不到破綻可以將其打開；合於道的捆綁是不用繩子約束的，所以找不到破綻將其解開。

【解析】所謂天道無痕，合於道的事情是陰陽和合的，不會顯現具體的陰陽矛盾，這樣也就沒有破綻可以找出來。另外，由於合於道的事情其結果是最好的，所以也不用按自我的主觀意識而干涉它，或者所謂的解開它。從理論來講，世間沒有絕對的事物，針對合於道的事物，有什麼方法可以使其變化呢？那麼這方法也只有從道的本質上找，從廣闊處找，從因果上找，從無中找，所謂不解自解。合於道的方法，應對合於道的事情，以無對無，也就沒有解不開的事情了。

(1)善數：合於天道的計算。
(2)籌策：竹籤。
(3)善閉：合於天道的閉合。
(4)關楗：門閂。
(5)善結：合於天道的捆綁。
(6)繩約：繩子約束。

3. **是以聖人常善救人[(1)]，故無棄人；常善救物[(2)]，故無棄物。是謂襲明。**

【譯文】所以聖人經常合於道地度化人，不會放棄度化人；經常合於道地運用事物，不會放棄事物。這就是承襲古修道人的做法與經驗，會使人越來越能看得明白事物。

【解析】所以聖人看待事物是整體性的，並不會割裂它的連接而只看單一事件，他會在合於道的情況下度化、拯救一些人，不會有意拋棄人。也會在符合於客觀情況下運用事物，不會有意拋棄事物。修道人對自然規律瞭解較深，知道事物的常態及變化結果，即知常曰明。古代修道先師也會將經驗傳給後人，後人承襲先師的經驗，也即襲明。

(1)善救人：合於道度化人。
(2)善救物：合於道運用事物。

4. **故善人[(1)]者，不善人[(2)]之師；不善人者，善人之資[(3)]。**

【譯文】所以合於道的人，是不合於道的人的老師；不合於道的人，是合於道的人的鏡子。

【解析】合於天道的人，即可順天則昌。不合於天道的人，輕則做事不暢，報應不斷，偶爾會有些小災難，重則逆天而亡。當然，嚴重的報應是建立在不斷地資訊積累之上的。不懂合於天道做事的人，就要虛心地向懂得順天做事的人學習，拜他為師。不合於天道的人出現的報應及災難反應，就是合於天道之人的鏡子，時刻提醒自己不要做出違背天道的事情。

(1)善人：合於天道的人。
(2)不善人：不合於天道的人。
(3)資：鏡子。

5. 不貴其師，不愛其資，雖智大迷。是謂要妙。

【譯文】不尊重自己的老師，不借鑒經驗，雖然聰明，但是到了一定的程度，就會出現很大的迷茫。這個道理，就是最重要的修行法門。

【解析】有些人經常自以為是，認為自己很聰明，並不謙虛接受別人的建議，以為什麼都容易知道，一看就懂，一聽就明白，並不真心的向老師學習，所以也就不太尊重老師，也不借鑒別人的經驗。豈不知，表象感知的東西與言傳身教是有著天壤之別的，不虛心學習，哪裡懂得深層次的奧妙！以至於走了彎路，損耗了光陰，走到迷茫之處，再也難以前行了，悔之晚矣！這時，很多人已經沒有時間和機會重新再來了。所以，要懂得尊重老師，尤其是修道的老師，因為古修道人講：「命必師傳，性由自悟。」修道是一定要有師父傳承的，自己修煉彎路很多，絕大多數半途而廢，基本上都突破不了脫胎換骨的層次。如果有師傳就會避免這種情況，因為古人積累下來的經驗都傳給了各自的門派後人，按傳承修煉就不會走錯路。所以，要明白「不貴其師，不愛其資，雖智大迷」的道理。這個道理就是修行的重要法門。

運用法門

本章闡述了：順天道而行則不會出現缺點和毛病，做事可以成功，每個人與物都是可以順天道的規律而度化的。要虛心向老師學習，借鑒經驗，不要耍小聰明，如果耍小聰明，最後害的是自己。

第二十八章

知其雄，守其雌，為天下溪。為天下溪，常德不離，復歸於嬰兒；知其榮，守其辱，為天下谷。為天下谷，常德乃足，復歸於樸；知其白，守其黑，為天下式。為天下式，常德不忒，復歸於無極。樸散則為器，聖人用之則為官長。故大智不割。

知道雄壯的、陽剛的，但是也願處以寧靜的、慈愛的，這就好比天下間潺潺流動的溪水。天下間潺潺流動的溪水，就好比修道者合於道的行為與方法，像潺潺流不盡的溪水一樣，與修道者長久不分離。在這種方式下，修道者歸復於嬰兒的純真本源。知道榮耀的，但是也願處以謙卑的、低下的，這就好比天下間連綿不斷地、深深地山谷。天下間連綿不斷地、深深地山谷，就好比修道者的胸懷寬廣得包容萬物，並裝滿了順天道修行的方法。在這種方式下，修道者就會歸復於道的純樸本源。知道明亮的，但是也願處以黑暗的，這可以作為修道者在天下的行為方式；如果這樣作為修道者在天下的行為方式，那麼修道者修行的行為與方法，就不會偏離和過分。在這種方式下，修道者就會歸復於道的無極狀態。道的本源規律運用，可以成為使用工具。聖人應用道的規律，可以成為統領各個官員的首長，所以有大智慧的人在需要處理事情的時候，是不會放棄運用道的規律的。

1. 知其雄，守其雌，為天下溪。為天下溪，常德不離，復歸於嬰兒。

【譯文】知道雄壯的、陽剛的，但是也願處以寧靜的、慈愛的，這就好比天下間潺潺流動的溪水。天下間潺潺流動的溪水，就好比修道者合於道的行為與方法，像潺潺流不盡的溪水一樣，與修道者長久不分離。在這種方式下，修道者歸復於嬰兒的純真本源。

【解析】不爭雄壯、有力、陽光的，寧願處以慈愛、寧靜的心態，是符合於道的。長此以往，就自然而然的形成了習慣，就像潺潺流動的溪水，從不間斷。這樣合於道的本質狀態就不會離開自身，漸漸地回歸於人性的初始本源狀態，也就是嬰兒狀態。嬰兒是人類最純真的狀態，無憂無慮無煩惱，沒有爾虞我詐，只有發自本性的喜樂。修道者能返璞歸真達到嬰兒狀態，就會更深地體驗到與大自然相融的美好境界，心態無比快樂！

2. 知其榮，守其辱，為天下谷。為天下谷，常德乃足，復歸於樸。

【譯文】知道榮耀的，但是也願處以謙卑的、低下的，這就好比天下間連綿不斷地、深深地山谷。天下間連綿不斷地、深深地山谷，就好比修道者的胸懷寬廣得包容萬物，並裝滿了順天道修行的方法。在這種方式下，修道者就會歸復於道的純樸本源。

【解析】謙卑的、低下的，就會承載的很多。所以知道榮耀的，也寧願守著謙卑低下的，這就像深深地山谷包容萬物。修道者如果守護著這個狀態，漸漸地就會與道越來越近，並會體悟更多順天修道的法門。長此以往，身心就會歸於天地萬物間最原始的純樸本源。

3. 知其白，守其黑，為天下式。為天下式，常德不忒(1)，復歸於無極。

【譯文】知道明亮的，但是也願處以黑暗的，這可以作為修道者在天下的行為方式；如果這樣作為修道者在天下的行為方式，那麼修道者修行的行為與方法，就不會偏離和過分。在這種方式下，修道者就會歸復於道的無極狀態。

(1)忒：過於、過分。

【解析】這裡黑暗的也代表著柔弱的，修道者處於這樣的狀態下，就不會做出過分的事情。長此以往，柔之又柔，弱之又弱，事物順應自然規律發展，而修道者並不以自我意識進行干涉。如果以修行的功態來講，就是損之又損，以至於無為。長期處於這個狀態，修道者最終會進入與宇宙大自然合一的至人乃至真人的狀態，也就是復歸於無極。

4. 樸散則為器，聖人用之則為官長。故大智不割。

【譯文】道的本源規律運用，可以成為使用工具。聖人應用道的規律，可以成為統領各個官員的首長，所以有大智慧的人在需要處理事情的時候，是不會放棄運用道的規律的。

【解析】本章之中守其雌、守其辱、守其黑所達到的結果，就是達到嬰兒、樸、無極的狀態與層次。在其中，嬰兒狀態是自我的本性，無極已出世間法，這兩者不能在世間應用。而樸則是可以對世間應用的，因為樸是摸不到、看不到、聽不到的「有」，它是組成萬物的基本元素，體現著道的本源規律。

樸的含義被比喻為沒有經過加工的原始木頭，是可以使用的。樸散則為器，也就是用最原始的、沒有進行過加工的原材料，可以對應加工出任何想要的東西。如果用其他已經加工過的東西，非原材料，再改變為想要的器物，就不一定是最合適的了。所

以，樸的原始性是最為重要的。

有道的人、聖人是最理解樸的作用的，如果在世間應用起來，乃至成為百官之長，也就是王者。有智慧的人，行世間法，是不會捨棄樸這個原材料的。

運用法門

本章著重講述知雄守雌、知榮守辱、知白守黑這三種狀態，和這三種狀態對應，達到嬰兒、樸、無極的結果。這三種結果都是修道人所希望達到的，所以作為修道者，要時刻記得這三種要素，持之以恆的修行，最後就會達到理想的結果。另外，其中也提出了「樸」在世間的應用，如果運用得當，會助你圓滿的完成世間法。

第二十九章

將欲取天下而為之，吾見其不得已。天下神器，不可為也，不可執也。為者敗之，執者失之。是以聖人無為，故無敗；無執，故無失。故物或行或隨，或噓或吹；或強或羸，或載或隳。是以聖人去甚、去奢、去泰。

準備要把天下強取過來，我認為不會得到。天下自然規律的運用，是不可強行去奪取的，不可強行的執著於自己的方式。強行奪取的會失敗；強行執著於自己的方式，會失去想要得到的。所以聖人不會強行的去奪取，也就不會失敗；不會強行執著於自己的方式，也就不會失去想要得到的。因為事物或者是前進的，或者是跟隨的；或者是緩緩出氣的，或者是用力吐氣的；或者是強壯的，或者是衰弱的；或者是承載的，或者是墮落的。所以聖人去除極端的、奢華的、龐大的。

1. 將欲取天下而為之，吾見其不得已。

【譯文】準備要把天下強取過來，我認為不會得到。

【解析】從天道自然的角度來看，天下是沒有強取過來的。歷史上有些事件，看似強取，其實是事態發展所必然的；天下需要變異的時候，就是沒人取也會自動滅亡的。當朝廷腐敗，爛透了的時候，就會民不聊生，民眾自然想要新政，盼望過上好日子；本來就想推翻舊政權，這時民心所向，只是誰作為民眾代表推翻它而已。

2. 天下神器，不可為也，不可執也。為者敗之，執者失之。

【譯文】天下自然規律的運用，是不可強行去奪取的，不可強行的執著於自己的方式。強行奪取的會失敗；強行執著於自己的方式，會失去想要得到的。

【解析】天道的自然規律是應該被尊重的，如果違背它，按照自己的主觀意識強行作為，就會受到懲罰，一定會失敗的，不僅原來想要的結果達不到，而且還會損失自己原本的東西。

3. 是以聖人無為，故無敗；無執，故無失。

【譯文】所以聖人不會強行的去奪取，也就不會失敗；不會強行執著於自己的方式，也就不會失去想要得到的。

【解析】聖人是懂得天道自然規律的，只會做符合於自然規律的事情，不會以自我意志強行作為，所以也不會有失敗，更不會損失自己的本源。

4. 故物或行或隨，或噓或吹；或強或羸，或載或隳。是以聖人去甚、去奢、去泰。

【譯文】因為事物或者是前進的，或者是跟隨的；或者是緩緩出氣的，或者是用力吐氣的；或者是強壯的，或者是衰弱的；或者是承載的，或者是墮落的。所以聖人去除極端的、奢華的、龐大的。

【解析】天下萬物是各有其特點的，那麼順天而行的聖人就要去除自己極端的思想與行為，走適中之路，小過而又無不及，這樣才可以應對各種不同的事物。

運用法門

本章講述：應以合於天道的思想行為對待世間的各種事物，不能強行違背事物的本質做事，要走適中之路，在靜觀其變的基礎上，順應自然的變化；進而對應各種事物的特點，隨其變化而調整、變化，這樣才可以獲得、達到理想的結果。

第三十章

以道佐人主者，不以兵強天下，其事好還。師之所處，荊棘生焉。大軍之後，必有凶年。善有果而已，不敢以取強。果而勿矜；果而勿伐；果而勿驕；果而不得已；果而勿強。物壯則老，是謂不道，不道早已。

以道法輔佐君王的人，不要以兵力強行奪取天下，強行奪取天下，就會容易出現報應。軍隊經過的地方，荊棘叢生。戰爭過後，必然出現饑荒、災難的年頭。合於天道的做事，有結果、達到目的就可以了，不要總是考慮強行奪取，慎用武力。

達到了目的不要自尊、自大；達到了目的不要自我誇耀；達到了目的不要驕傲；達到了目的是不得已這麼做而已；達到了結果不要逞強。促使事物強大了後，就會走向衰落，這就是沒有把持住道的規律，把持不住道的規律，很快就會滅亡了。

1. 以道佐人主者，不以兵強天下，其事好還[1]。

【譯文】以道法輔佐君王的人，不要以兵力強行奪取天下，強行奪取天下，就會容易出現報應。

【解析】修道者修行到一定層次後，能比常人更好的瞭解、感知天道自然規律及事物發展的資訊。這時，有一些修道者，輔助合於道的賢君明主，即謂替天行道。這樣的道人，切記不能促使應用武力強行奪取天下，如果做出那樣的事情，是違背天道的，一定會受到懲罰，也就是天道報應，最後不會有好結果。

2. 師之所處，荊棘生焉。大軍之後，必有凶年。

【譯文】軍隊經過的地方，荊棘叢生。戰爭過後，必然出現饑荒、災難的年頭。

【解析】如果武力交戰，戰場及其所涉及的戰爭區域，都會荒無人煙，種不了莊稼，百姓難以生存，會大量饑餓而死，這就會造成很大的災難。另外，戰場上戰死的兵士也是災難事件。這些災難都會形成業障，對應各自果報。

3. 善有果而已，不敢以取強。果而勿矜；果而勿伐；果而勿驕；果而不得已。

【譯文】合於天道的做事，有結果、達到目的就可以了，不要總是考慮強行奪取，慎用武力。達到了目的不要自尊、自大；達到了目的不要自我誇耀；達到了目的不要驕傲；達到了目的是不得已這麼做而已。

(1)還：報應。

【解析】所以，順應天道達到最終的結果就好了，不要急於強取天下，以免造成災難，出現業障，形成果報。達到了結果也不要自大、自誇、驕傲，因為要明白那是天道的必然性。在自然規律中，社會是要經過亂象以後才會達到平和、穩定的，即使應用了武力也是迫不得已的。

4. 果而勿強。物壯則老，是謂不道，不道早已。

【譯文】達到了結果不要逞強。促使事物強大了後，就會走向衰落，這就是沒有把持住道的規律，把持不住道的規律，很快就會滅亡了。

【解析】事物強大了就會走向衰落，這是天道自然規律的必然性。但是如果自我逞強，就會加快衰落，加快滅亡。所以適中才是重要的，對事物內部安穩、踏實，外部又無所不及。如果能功成身退，那就更符合修道人的行為，對修道人而言，那才是自我真正的長久。

運用法門

本章指出：修道人以道法強行做事，會造成災難，出現報應。所以規勸以道法輔佐君王的人，要重視自然規律的客觀性，不要犯錯誤；要做順合於天道的事情，才會長久。

第三十一章

夫兵者，不祥之器，物或惡之，故有道者不處。君子居則貴左，用兵則貴右。兵者，不祥之器，非君子之器，不得已而用之，恬淡為上，勝而不美。而美之者，是樂煞人，夫樂煞人者，則不可以得志於天下矣。吉事尚左，凶事尚右。偏將軍居左，上將軍居右，言以喪禮處之。煞人之眾，以悲哀泣之，戰勝，以喪禮處之。

武力用兵是不祥的東西，使用起來不一定符合於道的規律，所以修道的人不願意使用。君子所居之處左邊為貴，用兵時以右邊為貴。尖兵利器這些東西，是不吉祥的器具，不是作為君子所使用的，萬不得已的時候才使用，簡單的、淡淡的使用最好。用武力取勝並不是好事情。喜歡用兵力取勝的人，是喜歡給人製造災難的人；喜歡給人製造災難的人，就不會取得天下了。好的、吉祥的事情以左邊為上，惡的、災難的事情以右邊為上。偏將軍居於左邊，上將軍居於右邊，對戰爭這個事情要以喪禮的心態來對待。對遭受了災難的眾人，表示悲哀、痛苦，即使戰勝了，也要以喪禮的情景來對待。

1. 夫兵者，不祥之器，物或惡之，故有道者不處。

【譯文】武力用兵是不祥的東西，使用起來不一定符合於道的規律，所以修道的人不願意使用。

【解析】順天道者昌，逆天道者亡。不順應自然規律的結果一定是惡果。武力是不吉祥的東西，在天道規律中很少能自然的使用得到，所以「物或惡之」。修道人為避免無意中違背天道，並不把武力放在常用方法中。

2. 君子居則貴左，用兵則貴右。

【譯文】君子所居之處左邊為貴，用兵時以右邊為貴。

【解析】左為祥和、文靜，右為活躍、有力。日常生活中，我們的右手也比左手有力。所以君子要居住在祥和、文靜之處，動用武力時，則選擇有力的右邊。

3. 兵者，不祥之器，非君子之器，不得已而用之，恬淡為上，勝而不美。

【譯文】尖兵利器這些東西，是不吉祥的器具，不是作為君子所使用的，萬不得已的時候才使用，簡單的、淡淡的使用最好。用武力取勝並不是好事情。

【解析】武器是專門用來殺人、傷人的，不是好東西。仁義的君子在迫不得已的時候才會點到為止的使用一下，達到目的即可。即使以武力戰勝了對方，也不是值得誇耀的好事情。如果沒用平和的方法，直接單純的依靠武力，就會產生報應的惡果。就像我們當今世界上喜歡使用武力的某個國家，經結果驗證，害人害己，有百害而無一利。

4. **而美之者，是樂煞人(1)，夫樂煞人者，則不可以得志於天下矣。**

【譯文】喜歡用兵力取勝的人，是喜歡給人製造災難的人；喜歡給人製造災難的人，就不會取得天下了。

【解析】君子不喜歡使用武力，但是惡人卻很喜歡使用武力，他把製造災難當做樂趣，這樣的人，是不會獲得民心、得到天下的；反之，這樣的人會有惡報。

5. **吉事尚左，凶事尚右。偏將軍居左，上將軍居右，言以喪禮處之。**

【譯文】好的、吉祥的事情以左邊為上，惡的、災難的事情以右邊為上。偏將軍居於左邊，上將軍居於右邊，對戰爭這個事情要以喪禮的心態來對待。

【解析】吉事尚左，偏將軍處於文靜的、服從的地位，並不是凶事的主導者，所以在左邊；凶事尚右，上將軍處於發號施令、領導的地位，是凶事的發起者，所以處於右邊。對於戰爭而言，就是進行兇惡的屠殺事件，所以要用舉辦喪禮的心態來對待它。

6. **煞人之眾，以悲哀泣之，戰勝，以喪禮處之。**

【譯文】對遭受了災難的眾人，表示悲哀、痛苦，即使戰勝了，也要以喪禮的情景來對待。

【解析】戰爭中，無論是戰勝方還是戰敗方，都會有很多人失去親人和朋友，所以對於所有受到災難的人，都要以哀痛對待他，即使是戰勝方，也不要歡樂，要悲痛的對待戰爭。

(1) 樂煞人：喜歡給人製造災難。煞：災難。

運用法門

本章主要闡述修道人應具備的行為。接續了上一章對使用武力的觀點，兵器、武力都是不祥之物，能避免就最好，實在不能避免就點到為止，達到目的即可。如果迫不得已使用了武力，也要以行喪禮的狀態來進行，戰爭結束也要哀悼受難者，修道人對眾生要有憐憫的心態。

第三十二章

道常無名。樸雖小，天下莫能臣也。侯王若能守之，萬物將自賓。天地相合，以降甘露，民莫之令而自均。始制有名，名亦既有，夫亦將知止，知止可以不殆。譬道之在天下，猶川谷之於江海。

道是永恆的，無所不有、無所不在，不能以具體的名字稱呼它。表示道的本源及其無所不在的物雖然小，但是天下沒有什麼東西可以使之臣服。與道相合的修煉者，若能體會、映合於它，身體將自動運化。陰陽相合，滋潤身體的能量就會由宇宙無窮遠處映合到全身；四肢百骸並沒有有意識的尋找這種能量，但這種能量卻會運化到所需之處，能量多少、輕重程度自動分配。

在最原始的應和於天道自然的狀態中，漸漸產生有形的規律，這有形的規律可命名，命名了就是「有」，既然有了「有」；也就有了衡量的量，到了一定的量就知道應該停止了，知道停止了就不會產生災難。比如道在天下的規律，最後就像大河與山谷一樣，又匯合於江海之中。

1. 道常無名。樸雖小，天下莫能臣也。

【譯文】道是永恆的，無所不有、無所不在，不能以具體的名字稱呼它。表示道的本源及其無所不在的物雖然小，但是天下沒有什麼東西可以使之臣服。

【解析】道是看不到、聽不到、摸不到具體形態的。但是它化生的最原始的「有」，又是運化、化生萬物的基本元素，它蘊含在道的表現形式之中，在萬物之中無所不有、無所不在。它同樣是看不到、聽不到、摸不到的，它存在於最小物質之中，並組成了最小物質，但找不到最小物質，因為它小到沒有盡頭，也就是其小無內。它存在於萬物之中，任何物質都有「樸」的存在，無論這物質多麼巨大，所以說它又很大，也就是其大無外。這就是稱之為「樸」的東西。正是因為「樸」具有無色、無聲、無形，以及其大無外、其小無內的特性，所以天下間並沒有什麼東西可以制約它，並使之臣服。

2. 侯王(1)若能守之，萬物將自賓(2)。天地相合，以降甘露(3)，民(4)莫之令而自均。

【譯文】與道相合的修煉者，若能體會、映合於它，身體將自動運化。陰陽相合，滋潤身體的能量就會由宇宙無窮遠處映合到全身；四肢百骸並沒有有意識的尋找這種能量，但這種能量卻會運化到所需之處，能量多少、輕重程度自動分配。

(1)侯王：修道者。
(2)自賓：自動運化。
(3)甘露：能量資訊。
(4)民：修道者的身體。

【解析】修道者的終極目標是要修煉成為與道合一的，也即傳說中的與天地同在的上古真人層次。這就要從有形的「有」修起，由「有」返歸於先天無極，那麼「樸」是最重要的橋樑。修道者能守樸，進入與之相合的狀態，全身的能量資訊與宇宙相合，身體將自動順應宇宙規律的能量運化，天地相合，也即人天相合。天道自然的能量自動進入修道者身體，修道者身體也具有宇宙的全部資訊，這些能量資訊會自動的運行到身體所需之處，並不用依靠念力調動。

3. 始制有名，名亦既有，夫亦將知止，知止可以不殆。

【譯文】在最原始的應和於天道自然的狀態中，漸漸產生有形的規律，這有形的規律可命名，命名了就是「有」；既然有了「有」，也就有了衡量的量，到了一定的量就知道應該停止了，知道停止了就不會產生災難。

【解析】身體與宇宙大自然能量資訊映合、共振，無中生有，這樣身體就會產生新的功態，這種功態是可以用具體層次劃分的；用具體層次劃分了功態資訊能量，就可以有了多少的數量之分；當層次達到了所需要的量時，就要知道停止了，不能貪心。貪心就會產生災難，知道停止了就不會產生災難。

4. 譬道之在天下，猶川谷之於江海。

【譯文】比如道在天下的規律，最後就像大河與山谷一樣，又匯合於江海之中。

【解析】修道者要與道相合，就要符合於道的規律。道的規律就是像大河與山谷匯合於江海之中那樣，所以作為修道者，要放下自私的貪心，不要停留在無休止的索取之中，要放手、要知止，要順應寬闊無私的天道規律，這樣才可以獲得天道更多的慈愛。

運用法門

本章講述的是修道的重要法門。修道者要運用其大無外、其小無內的「樸」的特性，與之共振，進入與道相合的狀態，使身體自然接收宇宙的能量資訊。但是不能有貪心，貪心會有災難，乃至走火入魔；要理解道的萬物歸一的性質，不能貪戀於「有」，以致違背於道的自然規律。能棄「有」得「無」，「無」才會化生更多的「有」，這樣更合於道，會得益更多，即「後其身而身先，外其身而身存」。

第三十三章

知人者智，自知者明；勝人者有力，自勝者強。知足者富。強行者有志。不失其所有者久。死而不亡者壽。

知道別人的人是聰明的、智力好的，自己知道自己的人才是有智慧的；戰勝別人的人是有能力的，自己能戰勝自己的人是強大的。知道滿足的人是真正富有的。為了達到目標，而堅持不懈地努力進取的人，是有志氣的。不失去自己本源的人是長久的。經過了死亡的狀態，而並沒有故去的人是長壽的。

1. 知人者智，自知者明。

【譯文】知道別人的人是聰明的、智力好的，自己知道自己的人才是有智慧的。

【解析】聰明和智慧是不同的，完全是兩個層次。聰明是以眼、耳、鼻、舌、身等外在器官作為對事物的認識，並產生準確有利於自己的行為；而智慧不僅僅包含著對外部事物的認識，更重要的是心意的內在修為。如果聰明的積累，由外轉內，由漸悟達到了頓悟，就產生了智慧；智慧是聰明的昇華，是聰明的高層次，當然很多人聰明一輩子，也悟透不了人生，變不成有智慧的人。

聰明的人，精明強幹，利益得失算計得明白，占便宜可以，吃虧不行；而具有智慧的人，看的是大局觀，看透的是人生，不計較小節，以吃虧為修行，以占便宜為恥辱，當然他知道，如果占了小便宜，損失的將是大人生。聰明的人，看外部事物很明白，知道別人的長短，算出自己的得利；智慧的人可以及時看到自己的缺點，改正錯誤，提升自己的修為。聰明的人看到的是眼前得失，智慧的人看到的是人生的得失。

2. 勝人者有力，自勝者強。

【譯文】戰勝別人的人是有能力的，自己能戰勝自己的人是強大的。

【解析】外部的事物是有形的，有定量的，用什麼樣的方法及技巧戰勝外部力量、戰勝別人，都可以證明有能力。但是能戰勝自己內在的七情六欲則是很難的，比如嗜酒心、戀色心、貪財心、情欲心、妄想心、欲得心等等各種貪心。如果真能戰勝自己內在的無形情欲，那就是真正強大的。

3. 知足者富

【譯文】知道滿足的人是真正富有的。

【解析】什麼是富有呢？有的人解決了溫飽，別無所求；有的人擁有高樓大廈，卻還不滿足。所以富有在心，知足者是真富。

4. 強行者有志

【譯文】為了達到目標，而堅持不懈地努力進取的人，是有志氣的。

【解析】有的人為了達到一個目標，不論遇到什麼困苦，都要克服過去，直到圓滿完成最終目的。這種堅持不懈的精神是值得敬佩的，這是真正有志氣的人，我們修道者要向其學習，不斷精進，不白活一世。

5. 不失其所者久

【譯文】不失去自己本源的人是長久的。

【解析】修道者不能做狹窄的、極端的以及割裂事物因果的事情，因為那樣會損耗其本源，當本源耗得太多無法補回之時，災難就到了。

一個人很善良，總是傾盡所有地幫助人，為了幫助別人，耗掉了所有資產，變得極為貧窮。當他自己得了大病時，卻沒有錢醫治，最後病重而亡。

一個修道人，消耗自己身體內在能量為人治病，效果很神奇，很多疑難雜症被治好了，於是，求醫者如潮水般蜂擁而至。當他消耗能量到達身體極限時，就一定要停手，繼而應該全身心的修補能量。但是他並沒有那麼做，因為有危重病人急需能量救命，他善心發動，賭博似的將能量接連用了出去。病人好了，但是他自己卻再也沒有本質能量幫助他修回所有，身體衰落了，沒過多少時間，自己也得了絕症疾病，遺憾地了此一生。

以上兩個事件，都是本作者知道的真實發生的事情。尤其應該指出的是，修道人的能量本來是應該為了自己的終極目標服務的，古人也只是在「命必師傳」的傳功時才適當使用。

古人講：「練成丹田一口炁，萬兩黃金也不與。」能量是無價寶，是很多錢也換不到的，是要用來改變一生的，要極其珍惜，那是自己的生命本源，本來就不適合用來給他人治病。

所以說，幫人可以，是善良的做法，但是要量力而行，不要透支自己的本源，不要過分去做。每個人都有自己的因果，每個人都有自我的宇宙占位，強行做為會違背天道，必受懲罰。所以沒有順應天道規律做好事，就不是好事。好人也不一定長命。

6. 死而不亡者壽

【譯文】經過了死亡的狀態，而並沒有故去的人是長壽的。

【解析】這句話很多人不理解，以至於解釋的有些偏頗。其實這是講修煉中的一個層次所達到的結果，並不和社會上通解的「光輝的思想在他死了以後也長久流傳」有任何關聯，而修道人也並不會追求有什麼偉大的光輝思想流傳於世。這是修道中出現的現象，不修道的人很難理解。

在古修道者中流傳著一句話，就是「不愁不活，只愁不死」，這「死」是表述修道者盼望達到「陽神離體」層次的結果，並不是真正的死亡。修道人經過眼、耳、鼻、舌、身、意六根震動後，肉體會產生脫胎換骨的巨大變化。在致虛極、守靜篤的功態進展中，會出現空間現象的變異、肉體的改變，尤其是狂風伴隨著頭骨的爆炸。在這個境界中，會出現狂風打著旋，要把肉體帶入一個讓人不知道是什麼、但不由自主的恐怖空間，經過長時間的掙扎、擺脫、進入，再掙扎、擺脫、進入，最後轟然進入而沒有了知覺。不知過了多少時間，人清醒過來了，但清醒過來的是自己的陽神，當你的陽神再進入自己肉體，就回歸了你的本源，做回了自己。

這就是陽神離體的層次。經過了這一次的死，而你並沒有亡故，你的壽命就會延長很多很多，即為死而不亡者壽。修道人講的「我命在我不在天」也是其中的寫照。

運用法門

本章講述：人們貴在自知，智慧的人不僅瞭解外部事物，也要瞭解自己，並戰勝自己的缺點。去掉貪心，知足自富，做事要有長遠規畫，設立目標就要堅持不懈，這並非貪心，乃是志氣。做事不要走極端，要保有自己的本源，才可以長久。只要方法得當，堅持修煉，最後一定陽神離體，做到死而不亡者壽。

第三十四章

大道泛兮，其可左右。萬物恃之以生而不辭，功成而不名有。衣養萬物而不為主。常無欲，可名於小；萬物歸焉而不為主，可名為大。以其終不自為大，故能成其大。

道存在於萬事萬物之中，無所不有，無所不在。萬物依靠道而不斷生長，運化著萬物而成功，但並不顯現著自己。滋養著萬物，而並不為了主宰萬物。道是無為的，道又是無所不有、無所不在的，道可存在於最小的事物之中，運化最小的事物；萬物的孕育、滋養、運化都離不開道，但是道並不會由於萬物歸附於自己而主宰萬物，因為道是寬闊的，是無窮盡大的，所以可名為大。因為道始終不自大，所以能成就它真正的大。

1. **大道泛[1]兮，其可左右。**

【譯文】道存在於萬事萬物之中，無所不有，無所不在。

【解析】大自然中任何事物都存在著道的規律，上下左右，所有空間，從古至今，從今至後，直到永遠，都有道的規律。

2. **萬物恃之以生而不辭，功成而不名有。衣養萬物而不為主。**

【譯文】萬物依靠道而不斷生長，運化著萬物而成功，但並不顯現著自己。滋養著萬物，而並不為了主宰萬物。

【解析】道是無形的，看不到、摸不到、聽不到的，但是卻可以滋養運化著萬物。萬物的成功生長並不能顯現道的形態，所以道滋養了萬物，並不為了主宰萬物。

3. **常無欲，可名於小；萬物歸焉而不為主，可名為大。**

【譯文】道是無為的，道又是無所不有、無所不在的，道可存在於最小的事物之中，運化最小的事物；萬物的孕育、滋養、運化都離不開道，但是道也並不會由於萬物歸附於自己而主宰萬物，因為道是寬闊的，是無窮盡大的，所以可名為大。

【解析】道是沒有私心的，它在萬物中無所不在，它無窮盡的小，做最小的事。萬物依靠道的滋養運化而生，但是道並不彰顯自己，因為它不主宰萬物；但萬物又自然的依附於它而生，它又能容納萬物，說明道是寬闊的，無窮大的。

(1)泛：到處都有。

4. 以其終不自為大，故能成其大。

【譯文】因為道始終不自大，所以能成就它真正的大。

【解析】道無意自大，因為它不彰顯自己，但是萬物卻依附於它，使之彰顯，所以道才是真正的大。

運用法門

本章以闡述道的情形來比喻修道人所應該具有的狀態。所謂修道，就是要人道合一。道的狀態，就是人要修的狀態，這樣才可以與天地同在，達到理想中的真人修為。

修道人的功態要像道的狀態一樣，在修煉中，功態資訊充滿宇宙，無所不有、無所不在，你就是宇宙，宇宙就是你，其大無外。你存在於所有的萬物之中，你就是樸，你可以運化、組成並改變一切，因為你其小無內；但是你又不能有私心的去改變，因為你「衣養萬物不為主」。正是因為你不自為大、不為主宰萬物，你才可以成其大，你才可以達到最終的目標，就是成為與天地同在的、可以進入宇宙各個空間的、散者為風聚者成形的真人。

第三十五章

執大象，天下往。往而不害，安平泰。樂與餌，過客止。道之出口，淡乎其無味。視之不足見，聽之不足聞。用之不足既。

修煉之中進入與道映合的狀態，這個時候會顯現出大的景象，景象中包含著天下間來來往往的資訊。這些景象資訊是突破時空的，混雜在一起顯現，並不會影響修道者而造成損害，所以修道者保持狀態，要心安靜氣、不要害怕、泰然自若。世間美妙的音樂與食品，可以吸引不堅定修道的過客。修道之中所反映出來的東西，需要平淡的看待它。要以視之不見、聽之不聞的狀態來對待。但是如果運用道，卻是用之不盡的。

1. 執大象，天下往。往而不害，安平泰。

【譯文】修煉之中進入與道映合的狀態，這個時候會顯現出大的景象，景象中包含著天下間來來往往的資訊。這些景象資訊是突破時空的，混雜在一起顯現，並不會影響修道者而造成損害，所以修道者保持狀態，要心安靜氣、不要害怕、泰然自若。

【解析】這一段說的是修道者修煉中的功態現象。在這個「致虛極，守靜篤。萬物並作，吾以觀復」的境界中，就會顯現古往今來、各個空間的無數景象、即為執大象、天下往。不論觀察到什麼現象，修道者心態都要平和，更不要受到功態中的現象所影響，這來來往往的功態中的資訊，對修道者是沒有任何害處的。修道者應該保持不動心的功態，視有象為無象。

2. 樂與餌，過客止。

【譯文】世間美妙的音樂與食品，可以吸引不堅定修道的過客。

【解析】世間的各種色欲，會時刻影響著修道者。有的修道者淡薄不了利益之心，進入不了執大象、天下往的境界，更達不到無為的心態，所以會被世間的色欲所吸引，脫離修道的行列。這種人並不算是真正的修道者，只是修道的過客。

3. 道之出口，淡乎其無味。視之不足見，聽之不足聞。

【譯文】修道之中所反映出來的東西，需要平淡的看待它。要以視之不見、聽之不聞的狀態來對待。

【解析】功態中反映出來的東西，要以無味平淡的思想來對待，只有不動心，才會進入更深的宇宙空間，獲得更廣闊的天道資訊。所以要以視之不見、聽之不聞的態度，來對待功態中出現的各種資訊現象。

4. 用之不足既

【譯文】但是如果運用道，卻是用之不盡的。

【解析】進入更深層次，就會與道更加相合，就會在無所不有、無所不在的道裡面，有取之不盡、用之不完的所需之物。

運用法門

本章講述的是修道的功態現象。在修道的功態中，出現了各種現象，都是沒有害處的，要以平和的、無為的心態對待。只有這樣，修道者的層次才能更深，會更加得心應手。

在貪婪世俗欲望的人士中，有可能會被外界色欲所吸引，進入不了「執大象，天下往」的境界，也正因為他進入不了這個境界，所以會「過客止」。

第三十六章

將欲歙(ㄕㄜˋ)之，必固張之；將欲弱之，必固強之；將欲廢之，必固興之；將欲取之，必固與之。是謂微明，柔弱勝剛強。魚不可脫於淵，國之利器不可以示人。

準備收縮事物，必須使它過度擴張；準備削弱事物，必須使它極其強大；準備廢除事物，必須使它特別興旺；準備得到事物，必須多多給予它。這就是「明白事物規律的內在特性，柔弱方法可以勝過強取」的道理。就好比魚兒離不開水，事物的自然規律是治理國家的利器，但是規律是不能以具體的形式表現出來的。

1. 將欲歙[1]之，必固張之；將欲弱之，必固強之；將欲廢之，必固興之；將欲取之，必固與之。

【譯文】準備收縮事物，必須使它過度擴張；準備削弱事物，必須使它極其強大；準備廢除事物，必須使它特別興旺；準備得到事物，必須多多給予它。

【解析】天道自然的規律，是一個事物具有陰陽兩個方面，這是一對矛盾體，矛盾的兩個方面相互依賴，相互轉化，不可分割，具有對立統一性，同時具有物極必反的性質。

準備收縮的事物，要給予它過度的擴張，擴張多了，基礎跟不上了，並且根基已經被消耗了，必然迫不得已的收縮。

準備消弱的事物，要想辦法促使它極其的強大，強大的過多了，內部就不足了，出現漏洞了，表面上的強大就變成了軟弱無力。

準備廢除的事物，就要促使它特別的興旺，當它好的、積極的、有益的東西釋放掉以後，就剩下消極的、疲弱的、不好的垃圾了，事物也就廢除了。

準備得到事物，必須要多多給予它，所謂有捨才有得，捨的越多得到的越多。當只有你能滿足它的時候，它也就被你牽著鼻子走，一定屬於你的了。

以上的觀點說明，事物的規律是有付出才有回報，捨與得是平衡的。一個事物具有陰陽兩個方面，想要達到特定目的，就要促使陰或陽的物極必反。

(1)歙：收縮。

2. 是謂微明[1]，柔弱勝剛強。

【譯文】這就是「明白事物規律的內在特性，柔弱方法可以勝過強取」的道理。

【解析】明白事物的內在規律，就要順著它的貪欲，極大的滿足它的要求，使其被自己打敗。這樣以令其自取滅亡的辦法，會獲得最理想的結果。

3. 魚不可脫於淵，國之利器不可以示人。

【譯文】就好比魚兒離不開水，事物的自然規律是治理國家的利器，但是規律是不能以具體的形式表現出來的。

【解析】這樣的方法就好像魚兒離不開水，但是我們卻促使魚兒離開了水，進而達到我們的目的。這是明白事物規律並運用事物規律的方法，規律是無形的，但可以演化出來對待一切事物的方法，所以它屬於治國的利器；正因為它是無形的，所以也不能拿出來示人。

運用法門

本章論述了利用事物的自然規律而做事的方法。只要運用事物的自然規律，針對性調整事物的一個方面，就可以達到促使另一方面進行改變的結果。

(1)微明：明白細小的，以及不彰顯的事物內部連繫。

第三十七章

道常無為而無不為。侯王若能守之，萬物將自化。化而欲作，吾將鎮之以無名之樸。鎮以無名之樸，夫亦將無欲。不欲以靜，天下將自定。

萬物依附於道的規律而運化，所以道蘊含於萬物之中，在沒有主觀作為（也就是無為）的情況下而無所不為。修道者若能體會萬物與道相映合作用的狀態，身體將自動進入能量運化的境界。在這能量運化的境界中會產生欲望，我將用無名的道的本源狀態來解決。用道的本源狀態解決，就很快沒有欲望了。沒有欲望就清淨了，身體自動進入禪定狀態。

1. 道常無為而無不為。侯王若能守之，萬物將自化。

【譯文】萬物依附於道的規律而運化，所以道蘊合於萬物之中，在沒有主觀作為（也就是無為）的情況下而無所不為。修道者若能體會萬物與道相映合作用的狀態，身體將自動進入能量運化的境界。

【解析】道存在於萬物之中，其大無外、其小無內，道的特性是無為而無不為的。修道者若能與道的狀態相合，在修煉中進入其大無外、其小無內的境界，身體能量在道的作用下，將無為而無不為的自動運化。

2. 化而欲作，吾將鎮之以無名之樸。

【譯文】在這能量運化的境界中會產生欲望，我將用無名的道的本源狀態來解決。

【解析】在這樣的功態中，身體有形的陰與其所對應的陽，混元而化為空無，進而隨著功態的提高，無中自然生有，而「有」會產生欲望。身體中的功態表現為欲火自起，周身火熱，急欲陰陽和合。這種客觀的情況需要對應的方法，陰陽和合修行就可以解決了。在古代，產生了所謂的房中術、夫妻雙修。它有兩種方式，一種是實質性的身體陰陽交合，雙方應是夫妻，且都是修煉的人，以行為念力相應合，意識上也不能以色欲為目的，而且只能運化體內能量，不能將體內精華化為後天實質瀉出來。另外一種是沒有身體接觸的，是沒有夫妻關係的道友之間應用的，以能量資訊相交合運化的方式，被稱為神交體不交。

雖然在古往今來的有些講法上認為，如果這些方法運用得當，雙方都有好處，但缺點是不好控制，所以本作者認為還是不用為好。

那如果出現欲火自起的情況怎麼解決才好呢？本章中告訴我們一個好方法，就是：用自我的體內陰陽，使之陰陽和合來解決。根據道的本源及運化規律理論，以體內的無形之樸來化解。樸是組成萬物的基本元素，它即可組成陰又可組成陽，它存在於所有萬物之中，當然也包括身體中。那麼就需要你由欲火自起的狀態，再調動念力化空全身，使全身進入與道相合的無極功態之中；在這過程之中，樸就會自動顯現出來，會化生出對應體內特性的能量，這樣就陰陽和合了。

3. 鎮以無名之樸，夫亦將無欲。不欲以靜，天下將自定。

【譯文】用道的本源狀態解決，就很快沒有欲望了。沒有欲望就清淨了，身體自動進入禪定狀態。

【解析】陰陽和合了，欲望也就沒有了，沒有欲望了，身體就自然清靜了，可以馬上重新進入禪定狀態。

運用法門

本章講述的是陰陽和合的法門。修道者每個人都要經歷過這個陽氣勃起的狀態，包括女性的修道者也會有這個狀態，這個狀態是好的，說明你修煉得當，有了成績。最好的辦法是以道修道，用道中的「樸」運化出來對應的能量，以陰化陽、以陽化陰，問題就解決了。

第三十八章

上德不德，是以有德；下德不失德，是以無德。上德無為而無以為，下德無為而有以為，上仁為之而無以為，上義為之而有以為，上禮為之而莫之應，則攘臂而扔之。故失道而後德，失德而後仁，失仁而後義，失義而後禮。夫禮者，忠信之薄，而亂之首。前識者，道之華，而愚之始。是以大丈夫處其厚，不居其薄；處其實，不居其華。故去彼取此。

上等的、合於道的方法是沒有方法的，這才是最合於道的方法；下等的、合於道的方法是不失掉合於道的方法，就是沒有合於道的方法。上等的、合於道的方法，沒有為了達到目地而作為；下等的、合於道的方法是為了達到無為的目地而作為。上等的仁慈不是為了達到自己的目地而作為，上等的義氣是為了達到自己的目地而作為，上等的禮是為了達到自己的目地而作為，但如果對方沒有給予相應的回報，就會伸起手臂指揮對方給予回報。所以，沒有與道相合的層次後，才是為了達到與道相合而修煉的行為與方法；沒有了與道相合而修煉的行為與方法，才是仁慈；沒有了仁慈，才有了義氣；義氣失掉了，就產生了禮。禮這個東西，它使忠誠和信任變薄，是禍亂的最主要原因。以禮作為行事方法的人，認為自己對事物有一定超前的認識，但是他所認知的卻只是道所產生的表象，不是道的本質，但卻是愚昧的開始。所以大丈夫要處於敦厚的本性，不要虛偽、淺薄；要實實在在，不要浮誇、張揚。所以要去除虛偽、淺薄、浮誇、張揚，取敦厚、實在。

1. 上德[1]不德，是以有德。

【譯文】上等的、合於道的方法是沒有方法的，這才是最合於道的方法。

【解析】上等的，也就是與道合二為一的最好方法是無法之法。因為大道是無形的，與之相合也不能有形，所以凡是有為法皆不是上法。如果有能達到無為無形、具有與道完全相合的方法，那就是真正上等、合於道的方法。但是，世間卻沒有這樣的具體方法。

(1)德：合於道的方法或行爲。

2. 下德不失德，是以無德。

【譯文】下等的、合於道的方法是不失掉合於道的方法的，就是沒有合於道的方法。

【解析】修道者沒有達到至高境界之前，是不可能直接達到與道相合的無為無形層次的，所以也只能以有為法入手修行。有為法，在本章被稱為下等合於道的方法。在有為法中，以修行無為無形的至高境界為目地。有為法，是為了達到上等的、與道合一的無為法之法。由於有為法不具有完全合於道的能力，所以說有為法不是真正合於道的方法。也只能說是「以有為度無為」，或「以假度真」的工具。

3. 上德無為而無以為[1]

【譯文】上等的、合於道的方法，沒有為了達到目地而作為。

【解析】具有上等、合於道方法的修道者，已經達到了修道者常說的上古真人層次，與宇宙相合，與天地同在，無限性的合於道，無為而無不為。並且散者為風、聚者成形，可以進入宇宙各個空間，也就是達到了修道的最終目的。

(1)以爲：目的、以此爲目的。

4. 下德無為而有以為

【譯文】下等的、合於道的方法是為了達到無為的目地而作為。

【解析】道家各個門派的最終修道目的，都是為了達到無為而無不為的上古真人層次，也就是常說的得道成仙，成為大羅神仙。所以道家各位先師不斷地創造、發展，將寶貴的經驗與大智慧的結晶傳給了後代，形成了各個門派的有為法，比如內丹修煉等。其中，「把有為化無為」是最主要的核心思想。

5. 上仁為之而無以為

【譯文】上等的仁慈不是為了達到自己的目地而作為。

【解析】真正仁慈者是無償幫助人的，沒有自己私下的目地，不求任何回報，這是真正的大愛無私。

6. 上義為之而有以為

【譯文】上等的義氣是為了達到自己的目地而作為。

【解析】社會上很多人講義氣就是為了達到自己的私下目地，我對別人好，別人對我也好，這樣相互往來講義氣。但是當我對別人講義氣、夠朋友時，對方卻不講義氣，我也只是一笑了之，心胸寬闊些，不計較了。

7. 上禮為之而莫之應，則攘臂(1)而扔之。

【譯文】上等的禮為了達到自己的目地而作為，但如果對方沒有給予相應的回報，就會伸起手臂指揮對方給予回報。

【解析】對別人有禮，或者說有所作為，就是為了獲得別人的回報。如果別人沒有回報，自我就很氣憤，進而做出動作引導他回報。其實這樣的禮，並不是禮貌的禮，而是虛假之禮，是為了達到自我目地的方法之一。這樣的人心胸狹窄、自私，利益心強，一般都是社會上所講的小人。如果惹上這樣的人，會麻煩不斷，迅速遠離為上策。

8. 故失道而後德，失德而後仁，失仁而後義，失義而後禮。

【譯文】所以，沒有與道相合的層次後，才是為了達到與道相合而修煉的行為與方法；沒有了與道相合而修煉的行為與方法，才是仁慈；沒有了仁慈，才有了義氣；義氣失掉了，就產生了禮。

【解析】修道者所追求的終極目標，是達到無為而無不為的上古真人層次，這是修道的最高境界。但是，普通修道者不可能直接達到。因為達不到這個層次，才有為了達到這個層次而修煉的行為及方法。不是為了達到修行目標的人，也就不屬於修道者了，那麼當他發自內心所出來的慈愛，若沒有所求，就是真正的大愛之人；他雖然沒有修道方法，但卻是世俗中非修道者的最高層次，因為仁者只有付出而不求回報，大愛無邊，符合於道的本性。當失去了大愛無邊的境界，就降到了為達到自我目標而講義氣的層次了；當義氣失掉了，就降到了以禮交換作為條件而達到自我目地的層次。在本段中，道、德是指修道者所作為的，仁、義、禮是指非修道者所作為的。

(1)攘臂：揮舞手臂。

9. 夫禮者，忠信之薄，而亂之首。

【譯文】禮這個東西，它使忠誠和信任變薄，是禍亂的最主要原因。

【解析】虛假之禮具有表面道貌岸然、內懷狡詐伎倆的特點，與小人的特點相同，小人會為了自己的利益而對主人或朋友失去忠誠。這樣就使得忠信變薄，社會道德喪失，秩序混亂，乃至出現禍亂。經實踐證明，歷史上很多事端，小人都是罪魁禍首。

10. 前識者，道之華，而愚之始。

【譯文】以禮作為行事方法的人，認為自己對事物有一定超前的認識，但是他所認知的卻只是道所產生的表象，不是道的本質，但卻是愚昧的開始。

【解析】所謂前識者，是很聰明的，也就是會耍小聰明。所以他總是認為自己看到了事物的現象，並且看得很明白。但是，豈不知他看到的只是道的浮華表象，因為耍小聰明的心態是自私的、狹窄的，以這樣的心態只能看到事物的片面表現或階段表現；而道是整體的，不可割裂的，並不能以具體的、狹窄的思想來解讀事物整體的運化。正因為耍小聰明的人，看不到事物的整體容貌，所以，其決策則是愚蠢的開始。

11. 是以大丈夫處其厚，不居其薄；處其實，不居其華。故去彼取此。

【譯文】所以大丈夫要處於敦厚的本性，不要虛偽、淺薄；要實實在在，不要浮誇、張揚。所以要去除虛偽、淺薄、浮誇、張揚，取敦厚、實在。

【解析】真正順和於道的人，要處於敦厚的本性，實實在在的處事，不要耍小聰明，只有合於道的特性，才是修道人應具有的本質。

運用法門

本章之中，講述了由道至德、仁、義、禮的分段層次，道和德是屬於修道的層次，而仁、義、禮是屬於世俗間的層次。其中，作為修道者來講，下德是最重要的。下德所修行的方法是以有求無，修道者的付出，是為了得到道，但是在思想中還不能為了追求得道而付出，要以無為處之，順天道付出，這樣才會得到天道資訊能量的良好加持。

在無為的思想中獲得捨得的平衡，是一個重要的應用法門。所謂下德，用好了是得道，用不好會變為福德，也就是修福的方法，或甚至於降至上義、上禮，那就失去修道的意義了。下德與上仁的區別是：下德的進行是以順應天道自然規律為準則的行為，不僅對外捨善大眾，而且對內修行自身，去除貪、嗔、癡三惡，返璞歸真，並在修行中自然獲取天道能量資訊的加持，提高層次。上仁是非修道者在世間進行慈愛的付出，並不想獲取回報。上仁者不懂修道法門，但他們會得到福報；如果他們有修道法門，則會比常人修行的境界要強很多。因為上仁者都是上士，有智慧、悟性好，所積累的福德也會轉為能量資訊加持自身。

對於福與道的關係，六祖惠能講得非常好，其中有一段精華的闡述，不知是否可以給大家帶來啟悟：「迷人修福不修道，只言修福便是道，佈施供養福無邊，心中三惡元來造，擬將修福欲滅罪，後世得福罪還在。」

另外，本章之中還講述了，修道人應具有敦厚的本性，要實實在在處事，不要有虛偽、淺薄的意識和行為。

第三十九章

昔之得一者：天得一以清；地得一以寧；神得一以靈；谷得一以盈；萬物得一以生；侯王得一以為天下正。其致之也，謂：天無以清，將恐裂；地無以寧，將恐廢；神無以靈，將恐歇；谷無以盈，將恐竭；萬物無以生，將恐滅；侯王無以正，將恐蹶。故貴以賤為本，高以下為基。是以侯王自稱孤、寡、不轂。此非以賤為本邪？非乎？故致譽無譽。不欲琭琭如玉，珞珞如石。

以前的時候，獲得道中所含有的陰或陽者：天獲得了它會清明；地獲得了它會安寧；神獲得了它會顯靈；谷獲得了它會充盈；萬物獲得了它會生長；侯王獲得了它會成為天下的統帥。把它反過來看，就是：天不清明，恐怕將要破裂；地不安寧，恐怕將要破滅；神不能顯靈，恐怕將停止為神；谷不能充盈，恐怕將枯竭；萬物不能生長，恐怕將滅亡；侯王不能統帥天下，恐怕將一蹶不振。所以貴的要以賤的為本源，高的要以下面的為基礎。正因如此，侯王自己稱謂自己為孤、寡、不轂。那麼這就是以賤為本麼？難道不是嗎？因為要得到高貴與光榮就不能有高貴、榮耀的心態和行為，不要像璀璨明亮的玉石一樣，高貴的擺放在那裡，而是要像一塊一塊的石頭一樣，實實在在的應用起來。

1. 昔之得一者：天得一以清；地得一以寧；神得一以靈；谷得一以盈；萬物得一以生；侯王得一以為天下正。

【譯文】以前的時候，獲得道中所含有的陰或陽者：天獲得了它會清明；地獲得了它會安寧；神獲得了它會顯靈；谷獲得了它會充盈；萬物獲得了它會生長；侯王獲得了它會成為天下的統帥。

【解析】這裡「得一」中的一，指陰或者陽，萬物之中皆有陰陽兩面，陰陽是不可分割的。陰得到陽或者陽得到陰，才會成為完整事物。所以天、地、神、谷、物、侯王得到了對應的陰或陽，就成為完整事物，就活靈活現的開始運化了。

2. 其致之也，謂：天無以清，將恐裂；地無以寧，將恐廢；神無以靈，將恐歇；谷無以盈，將恐竭；萬物無以生，將恐滅；侯王無以正，將恐蹶。

【譯文】把它反過來看，就是：天不清明，恐怕將要破裂；地不安寧，恐怕將要破滅；神不能顯靈，恐怕將停止為神；谷不能充盈，恐怕將枯竭；萬物不能生長，恐怕將滅亡；侯王不能統帥天下，恐怕將一蹶不振。

【解析】如果缺陰少陽，事物也就不能成其事物了。才會比喻為天破裂、地破滅、神不靈、谷不盈、物不長、王將蹶。所以陰陽是事物的根基，沒有陰陽就沒有生命。

3. 故貴以賤為本，高以下為基。是以侯王自稱孤、寡、不轂[1]。

【譯文】所以貴的要以賤的為本源，高的要以下面的為基礎。正因如此，侯王自己稱謂自己為孤、寡、不轂。

【解析】不論多麼貴重的事物，都要獲取它自身需要的陰陽，才會成其貴重。不論有多高的地位，都不能缺少它自身需要的陰陽作為基礎，所以，侯王自稱自己為孤、寡、不轂。就是因為萬物的陰陽是相對的，孤、寡、不轂是唯一的，但它的對立面卻是眾多的。孤、寡、不轂與眾多形成了陰陽的對立統一，也可以說侯王願意處於民眾的下面，為天下百姓服務。也就是孤、寡、不轂承載著天下的民眾，反過來看，承載者就是唯一的王者。

4. 此非以賤為本邪？非乎？故致譽無譽。不欲琭琭如玉，珞珞如石。

【譯文】那麼這就是以賤為本麼？難道不是嗎？因為要得到高貴與光榮就不能有高貴、榮耀的心態和行為，不要像璀璨明亮的玉石一樣，高貴的擺放在那裡，而是要像一塊一塊的石頭一樣，實實在在的應用起來。

【解析】侯王處於百姓的下面，是不是就有失顏面呢？當然不是，因為要想當侯王就不能有高貴、榮耀的心態和行為，這個行為的相對面就是低賤、辱沒。所以說不要把自己像寶石一樣擺在那裡，那樣的結果一定是不好的，不僅什麼好處都得不到，而且可能招來羞辱；而要像一塊一塊、實實在在的石頭一樣，真正的為民眾服務，那樣承載著民眾，自然也就是孤、寡、不轂的侯王。

(1)不轂：轂的含義是車條組成的車輪中心，不轂就是不形成車輪中心，那麼也就是惟獨一支（車條）的意思。

運用法門

本章闡述了：事物得陰陽則活，失陰陽則死。陰陽雙方不可分割，缺一不可，事物的陰陽是對應的，有承載才會有收穫，踏踏實實的做事才會有高貴的結果。

第四十章

反者道之動，弱者道之用；天下萬物生於有，有生於無。

陰陽運化產生相對應的力，對應的力相互作用使之運動變化，這是道的外在運動表現形式。而道的內在運化則是無形的，看不到運動的，似乎是柔弱的。天下的萬物是從有中化生出來的，而有是從無中化生出來的。

1. **反者[1]道之動，弱者道之用。**

【譯文】陰陽運化產生相對應的力，對應的力相互作用使之運動變化，這是道的外在運動表現形式。而道的內在運化則是無形的，看不到運動的，似乎是柔弱的。

【解析】道是無形的，規律也是無形的，但是規律所造成的結果卻是有形的，所以要從有形的外在現象，去認識道的內質。在看到事物外在表象的同時，也要知道事物的內在規律，這樣才會把握事物的整體，做到運籌帷幄，不出現失誤，沒有災難。

2. **天下萬物生於有，有生於無。**

【譯文】天下的萬物是從有中化生出來的，而有是從無中化生出來的。

【解析】萬物都是從「有」中化生出來的，它是道的客觀外在表現；但是化生萬物的「有」卻是從「道」的內在運化中來，「道」是無形的，所以說「有」是從「無」中來的。

運用法門

本章主要闡述道的內在因素和外在因素的連繫，外在因素形成萬物的有形運動，內在因素是外在因素的根源，並制約著外在因素。本章提示我們，明白了道的內外關係後，做事就要考慮整體因素，不能只看到局部，以免造成不良後果。

(1)反者：陰陽運化產生對應的力。

第四十一章

上士聞道，勤而行之；中士聞道，若存若亡；下士聞道，大笑之。不笑，不足以為道。故建言有之：明道若昧；進道若退；夷道若纇；上德若谷；大白若辱；廣德若不足；建德若偷；質真若渝。大方無隅；大器晚成；大音希聲；大象無形。道隱無名。夫唯道，善貸且成。

上等人士聽到了道的理念，會努力的親身實踐；中等人士聽了道的理念，時而會親身實踐，時而也就忘記了；下等人士聽到了道的理念，會大聲嘲笑。如果他不嘲笑，也就不足以成為道了。所以，古代建立修道理論的時候就講：明白道的人卻讓人感到似乎很愚昧；修道了，卻讓人感到似乎退步了；平坦的人生道路似乎出現了坎坷；上等的、合於道的行為似乎就像沒有盡頭的山谷；潔白的，似乎出現了污垢；寬廣的、合於道的方法似乎出現了不足；建立修道的方法使人似乎很懶惰；純真、樸素的本質似乎變得混濁。方的東西，很大很大，大得摸不到邊際；越是大的器皿，做成的越晚；很大很大的聲響之中，是體現不到小的嘈雜之音的；很大很大的形象，看不到邊際，也就看不到它的具體樣子。道是隱含在萬事萬物之中的，不能以具體的事物冠以道的名稱。但是也只有道，才會給予你，並且可以使你成功。

1. 上士聞道，勤而行之。

【譯文】上等人士聽到了道的理念，會努力的親身實踐。

【解析】所謂上士就是心胸寬廣、目光深遠、善良慈愛，沒有狹隘的急功近利和貪婪心態的人。上士與道相近，因為他寬廣的胸懷合於道的無為本性，善良慈愛的行為合於道的捨得平衡規律。所以他聽聞了道，就會努力的親身實踐。

2. 中士聞道，若存若亡。

【譯文】中等人士聽了道的理念，時而會親身實踐，時而也就忘記了。

【解析】所謂中士，也就是胸懷近於無私與自私之間的人。有時他認為修道很好，善良無私，光明磊落，愉悅快樂；有時又認為修道沒有太大好處，因為無私總是被別人占便宜，於是就忘了道的整體性，只是狹隘的看待局部因素了。所以中士時而修道，時而棄道，若存若亡。

3. 下士聞道，大笑之。不笑，不足以為道。

【譯文】下等人士聽到了道的理念，會大聲嘲笑。如果他不嘲笑，也就不足以成為道了。

【解析】所謂下士就是指不能與道的理念相合的人，這樣人的特點往往心胸狹隘、自私自利。因為他有私，看的是局部利益，不能明白無私者的整體大局觀，所以他會認為修道者很傻，放著好處不揀，總是被別人占便宜，因此他會嘲笑修道的人。

4. 故建言有之：明道若昧(1)；進道若退；夷道若纇(2)。

【譯文】所以，古代建立修道理論的時候就講：明白道的人卻讓人感到似乎很愚昧；修道了，卻讓人感到似乎退步了；平坦的人生道路似乎出現了坎坷。

(1)昧：愚昧。
(2)纇：坎坷。

【解析】世人認為修道的人在退步，因為看到他好像愚昧了，變傻了，不爭了，生活消極無味。修道的人會改變嗎？確實會變的，因為在修行的過程中，心胸和視野會變得越來越寬闊，他看到的是常人沒有看到的問題；正因為看到了常人看不到的問題，所以他知道如何作為才是最符合事物整體性質。修道的人不去鑽營，正是因為他看到了鑽營後的惡果。修道人不爭，正是因為他看到了不爭的好處。修道人生活消極無味，正是因為他知道了消極無味後面的精采天地。

5. 上德若谷；大白若辱(1)；廣德若不足。

【譯文】上等的、合於道的行為似乎就像沒有盡頭的山谷；潔白的似乎出現了污垢；寬廣的、合於道的方法似乎出現了不足。

(1)辱：污垢。

【解析】好的修為狀態與方法是無限性的合於道的，所以也沒有一成不變的具體方法。法無定法，非法法也，道無窮，方法就無窮。有形的方法永遠不能與道百分之百的相合，不論這方法有多麼寬廣，因為道是無形的。所以如果修道的方法似乎出現了不足，那是正常的，當從有為法修到無為法之時，也就是上德無為而無以為，那就是上古真人了！

道是無為而無不為的，它運化並包含著萬物，所以道中不僅有潔白的，也有所謂的污垢，這兩者是並存的，只是從哪個角度看而已。從這個角度看是好的、對的、純淨的，從另一個角度來看就是壞的、錯的、污濁的。沒有絕對的好壞，只有相對的事物。如果潔白的似乎出現了污垢，那是道的自然規律。但是給予潔白與污垢的定義，卻可以驗證修道者的修為境界。合於道的修行者，心胸中包納萬物，會拋去執著，客觀的看待所謂的潔白與污垢，不會以自我的喜惡而強行影響、改變事物。

6. 建德若偷(1)；質真若渝(2)。

【譯文】建立修道的方法使人似乎很懶惰；純真、樸素的本質似乎變得混濁。

(1)偷：懶惰。
(2)渝：混濁。

【解析】修道的方法之中，具有不爭、無欲、無為的狀態，讓世人感覺到好像很懶惰；其實「不爭、無欲、無為」是修行的應用法門，只有在這個狀態之中，才可以化生出修道人所需要的「有」，不修道的世人多數是不明白其道理的。

道是無所不有的，包含了所有的事物，其中各種因素混元在一起，精湛的與混濁的是共存的，所以純真、樸素的本質也似乎變得混濁。

7. 大方無隅(1)；大器晚成；大音希聲；大象無形。

【譯文】方的東西，很大很大，大得摸不到邊際；越是大的器皿，做成的越晚；很大很大的聲響之中，是體現不到小的嘈雜之音的；很大很大的形象，看不到邊際，也就看不到它的具體樣子。

(1)隅：角落，這裡指事物的邊緣。

【解析】修道者不要急於求成，要有長期修煉的信心和準備。因為道是大的，正是因為它是大的，所以成就地越晚，不可能立即修成。就好比「大方無隅、大器晚成、大音希聲、大象無形」一樣。

8. 道隱無名，夫唯道，善貸(1)且成。

【譯文】道是隱含在萬事萬物之中的，不能以具體的事物冠以道的名稱。但是也只有道，才會給予你，並且可以使你成功。

【解析】道比那些大的東西還大，它大的無邊無際，但是它又存在於萬事萬物之中，所以說它又很小。

它其大無外，其小無內。所以修道者不要認為無邊無際的道是修不成的，因為道存在於萬物中；有小的特性，因此也存在於身體中。所以修煉身體是最簡捷的（乃至於不二法門的）求道方法；也正是因為它小得存在於身體中，所以道是可以修成的。

世上也只有道，順應自然規律的給予你，存在於你的身體中，而且你修煉就可以成功。即為：夫唯道，善貸且成。

(1)善貸：順合於天道的給予

運用法門

本章把人分為三種情況，即上士、中士、下士，上士聞道後可以堅定的修道，中士可修可不修，下士不可能修道。按此種情況講，世間上的事物，不可能所有人都會認同，不認同也是正常的，全部認同則是不可能的。所以，修道者各自不同，因果也就各不相同，同時也就有了因材施教之分。

本章還闡述了修道人的狀態，修道後與世人的不同之處，並鼓勵修道人安心修道，在不急於求成的心態下，持之以恆就可以修行成功，也就是「同於道者，道亦樂得之」。

第四十二章

道生一，一生二，二生三，三生萬物。萬物負陰而抱陽，沖氣以為和。人之所惡，唯孤、寡、不轂，而王公以為稱。故物或損之而益，或益之而損。人之所教，我亦教之。強梁者不得其死，吾將以為教父。

道化生了一個混元之物，這個混元之物，化生了陰陽二氣，陰陽二氣的運化化生了很多物，在陰陽二氣運化的同時，很多物相互運化又化生了無數物，這就形成了萬物。萬物背陰而向陽，陰陽的運化形成了萬物的和諧統一。人們所最厭煩的，就是孤、寡、不轂，但是王者卻用這些來稱謂自己。因為事物或者由於損失而得益，或者得益了而損失。別人所教我的，我也交給大家吧。強行改變事物的人，會報應致死。這種言論就從我這裡開始向外教授吧。

1. 道生一，一生二，二生三[1]，三生萬物。

【譯文】道化生了一個混元之物，這個混元之物，化生了陰陽二氣，陰陽二氣的運化化生了很多物，在陰陽二氣運化的同時，很多物相互運化又化生了無數物，這就形成了萬物。

【解析】道是在天地未生之時就存在了，它化生了虛無縹緲的混元之物，在這其中，什麼都有，又什麼都沒有。說它沒有，但它蘊含著所有的事物；說它有，又沒有具體可以現象的東西。有陰有陽，但又不顯現陰陽，陰陽又充分的融合在一起，變為沒有陰陽。這就是道所化生的表現形式，被稱為無極，也即道生一。

在道的規律運化下，這個混元體開始變化，使陰陽具體顯現了出來，陰陽的顯現，就是一生二。

在陰陽的運化下，形成了很多事物，而這些事物又全部具有陰陽的性質。其中包括最原始的事物，它是以後的各個事物之祖，這就是二生三。

陰陽不斷的化生著新生事物，同時，化生的原始事物，也在道的陰陽規律運化下，繼續化生，就形成了之後的萬物。動物、植物皆有其祖，比如說，不論是先有雞還是先有蛋，只要是在那個時候最先化生出來的，就是先祖，這些先祖順應道的陰陽規律繁衍後代，就產生了無數的雞和蛋。以此類推，動物、植物、事物都是這樣的規律。包括現在或將來，都會有屬於先祖級的不明之物順天道而出現，再順應自然規律繁衍其後代。也包括與其他物種相互影響而衍化為多種存在形式的事物。這就是三生萬物。

(1)三：多數的意思

2. 萬物負陰而抱陽，沖氣以為和。

【譯文】萬物背陰而向陽，陰陽的運化形成了事物的和諧統一。

【解析】萬物的陰陽是不可分割的，為下、為內、為靜及事物的背面屬陰；為上、為外、活躍的及事物的正面屬陽。陰為陽之根，陽為陰之表。在陰陽相互運化之中，形成了陰陽和合，對立統一，這也是道的規律表現。

沖氣中的氣，乃是無極中無形的，而又可以制約陰陽、使陰陽按照規律運化的無形能量。這種能量是在非空之空中化生的，是無形的，超越時空，且無時空度量性。

3. 人之所惡，唯孤、寡、不轂，而王公以為稱。

【譯文】人們所最厭煩的，就是孤、寡、不轂，但是王者卻用這些來稱謂自己。

【解析】人們不喜歡孤寡的、單獨的、與眾不相合的東西。但是合於道的王者喜歡以孤、寡、不轂稱謂自己，孤、寡、不轂的相對面是大眾，也就是天下百姓。王者有志於給大眾服務，承擔天下百姓的擔子，所以表明心跡，自稱孤、寡、不轂。

4. 故物或損之而益，或益之而損。

【譯文】因為事物或者由於損失而得益，或者得益了而損失。

【解析】道的規律是付出去後而得益，或者得到後要付出。因為王是得益者，受到天下大眾的尊敬，並享受了榮華富貴。所以，合於道的王者就一定選擇付出去，付出思想、行為及其他，給百姓造福。這樣才可以長久，江山穩固。

5. 人之所教，我亦教之。強梁者[1]不得其死，吾將以為教父。

【譯文】別人所教我的，我也交給大家吧。強行改變事物的人，會報應致死。這種言論就從我這裡開始向外教授吧。

【解析】得到與付出是道的規律，是互為陰陽的。強取豪奪、不付出而獲得的人是不符合道的，如果不針對得到的東西而付出，會有天道報應，最嚴重的會被報應致死。

運用法門

本章闡述了天下萬物的化生過程、陰陽對立統一的特性，並從陰陽對立統一的理念中知道了「得到就要付出」的原理。想要成就大業，取得大成功，就要有大捨的精神，心胸寬闊、勇於承載和奉獻，如果強行奪取，就會有天道報應。這種得到與付出的理念，就是陰陽的互為特性，修道者要重視，並要教授給新修道的人。

(1) 強梁者：強行改變事物的人。

第四十三章

天下之至柔，馳騁天下之至堅。無有入無間，吾是以知無為之有益。不言之教，無為之益，天下希及之。

天下間最柔的東西，穿越天下，是最堅硬的。只有無才可以進入事物的無之間，我因此知道無的好處。不言的教誨，無為的好處，天下很少有人能明白這樣做。

1. 天下之至柔，馳騁天下之至堅。

【譯文】天下間最柔的東西，穿越天下，是最堅硬的。

【解析】天下間最柔的東西是什麼呢？有形的東西永遠不是最柔的，那麼只有在無形中找。在無形中找「有」，永遠也沒有最小的「有」。只有這個小到以至於「無」的東西，才是天下間最柔的，只有它才可以穿越有形的、最堅硬的東西。

在《道德經》中，「樸」的描述是最適合於這種理論的。「樸」是天下萬物最原始的組成物質，它的根源為「無」，運化為「有」，是永遠也聽不到、摸不到、拿不到的最小物質。

天下最堅硬的物質也是有形的，而其小無內的、以至於無形的基微物質，是可以穿越有形的最堅硬物質。

2. 無有入無間，吾是以知無為之有益。

【譯文】只有無才可以進入事物的無之間，我因此知道無的好處。

【解析】只有其小無內、以至於無的「樸」，才可以進入有形的物質之中，由此我理解到了無的好作用。

3. 不言之教，無為之益，天下希及之。

【譯文】不言的教誨，無為的好處，天下很少有人能明白這樣做。

【解析】不言之教，也即不用言語說教。那麼用行為表現嗎？不是的，行為也是有形的、有行為語言的。用什麼呢？用無形的功態，無限光明的心性自然映照，也即以心印心。功態中，當沒有「有」的時候，自然就是「無」了。所以也只有處於無以示人的，其大無外、其小無內的無為功態時，心性就自然而然的參悟「無」了。這樣就會體悟宇宙的本源，明白樸的無形運化，進而應用在有形的自身修煉上，事半功（數）倍。這種方法，天下很少有人能明白這樣做。

運用法門

本章講的是修煉法門，讓人知道，宇宙中再強大的東西，其大無外、其小無內的「樸」都可以進入。掌握了「樸」，就明白了天下萬物的運化，進而使自我這個「樸」與萬物合一，與天地同在。並順應著天道自然，運化著天下萬物，具有天下王者的資訊狀態，會體悟到我命在我不在天！循天機而起，改天機而行！

第四十四章

名與身孰親？身與貨孰多？得與亡孰病？是故大愛必大費；多藏必厚亡。知足不辱，知止不殆，可以長久。

名譽和身體來比，誰能與我更親？身體和貨物來比，哪個能更多？得到的與失去的比，哪個更有缺點？想得到非常喜愛的東西，就要有大的破費；要更多的獲得，必須要損失其他富足的東西。知足了就不會受侮辱，知道停止了就不會有災難，這樣才可以長久。

1. 名與身孰親？

【譯文】名譽和身體來比，誰能與我更親？

【解析】名譽再光鮮也是身外之物，在某種程度來講，名譽也是為身體服務的。所以，從現實的角度來看，實實在在的身體是無論如何也比身外名譽珍貴的。

2. 身與貨孰多？

【譯文】身體和貨物來比，哪個能更多？

【解析】貨物是依靠身體賺來的，身體為本，再珍貴的貨物也為末，有身體才可以賺來貨物，無身體再多貨物也沒用。

3. 得與亡孰病？

【譯文】得到的與失去的比，哪個更有缺點？

【解析】得到再多的名譽、物質，如果失去身體，則一切都是空的。所以，有些人為了獲得名利而耗掉自己的身體，是很大的缺點。在世間，很多人是要錢不要命的，是一種賭徒心理。但是，十賭九輸是定論，最後基本上都以悲劇收場。

4. 故大愛必大費；多藏必厚亡。

【譯文】想得到非常喜愛的東西，就要有大的破費；要更多的獲得，必須要損失其他富足的東西。

【解析】天道的規則是陰陽平衡的，也就是捨得平衡。要貪得名利，就要付出你原本的所有。那麼人本身有什麼呢？一有身，二有心，所以要付出身心，就是在損耗身心的基礎上獲得名利。

那麼，當我們淡薄名利的時候，就是身心獲得最好修養的時候。所以要捨棄無用的名利，用多餘的財富捨善，做些有意義的事情，為自己的人生及以後的修行留下一個美好的展望。

捨得平衡是自然規律的體現，捨棄不影響自我本源的名利與錢財，去獲取健康與修行。

5. 知足不辱，知止不殆，可以長久。

【譯文】知足了就不會受侮辱，知道停止了就不會有災難，這樣才可以長久。

【解析】當人生能夠安穩、幸福的生活的時候，物質生活已經滿足，就要知道停止名利了，因為在人生道路上，可能已經消耗了很多身心，應當重視身心的不足，要修身養命了。

知道滿足了，就不會在心力不濟的時候；出現羞辱的事情；知道停止了，就不會出現災難。這樣生活才會長遠幸福。

有的人要給子孫後代留下足夠的財富，其實想錯了，這是不懂天道規律的思想。因為每個人都有各自的因果，別人是代替不了的。

有好因，可以得到必然的好果，並不是只有繼承財富這唯一道路。子孫會有自己的天道規律，在這個規律下，自然而然的就會獲得一生中本來就應該具有的財富。反過來講，如果子孫沒有好因果繼承財富，財富很快就會敗光，不僅留不下什麼有益的東西，很可能留下另一個惡因。所以，從天道規律的角度講，要維而弗持，長而不宰。就是維護而不把持，引導而不主宰。

有智慧的人，會以全域的目光著眼自己的一生。哪個人都想健康長壽，人生不易，為什麼非要耗失自己的本源，而不好好珍惜呢？如果疾病纏身，久病不起，有再多的財富有什麼用呢？

運用法門

本章講述的是要人們珍惜自我，物質生活解決了，夠用了，就要停止了，不要貪得多餘的名利與財貨。因為貪得會損耗自我的身體，這個時候身體是最重要的，是用財貨換不到的。要珍惜自我，才可以長久。

第四十五章

大成若缺，其用不弊。大盈若沖，其用不窮。大直若屈；大巧若拙；大辯若訥。靜勝躁，寒勝熱。清靜為天下正。

成就了大的事物，好像有些缺陷，但應用起來，卻沒有弊端。事物極其充盈，好像很空虛，但應用起來，卻沒有窮盡。大的正直，好像有彎曲；大的巧妙事物，就好像很笨拙；合於道的辯論，就好像語言遲鈍一樣。安靜的勝過躁動的，寒冷的勝過火熱的。清靜無為是為天下之本。

1. 大成若缺，其用不弊。

【譯文】成就了大的事物，好像有些缺陷，但應用起來，卻沒有弊端。

【解析】成就了大的事物，必然是不拘小節的，也正是因為目光看的是成就大事物的全域，所以在局部上似乎有些缺陷。但是在整體大局中，也並不是真的有缺陷，只是看問題的角度不同。這就好比修道，修道者重大道，淡薄名利之心，這一點在世俗中可能就會被認為是缺點，但是正因為修道者不重名利，才會成其大道。修道者是以淡薄名利作為修行方法，而世人則把名利作為生存之道。修道者成就了大修為，就會更好的認知宇宙自然規律，再應用在世間，就會遊刃有餘的沒有弊端；這也等同於聖賢之道應用在世間，既可以入世法幫助社會、世人，又可以出世法修行自己。

2. 大盈若沖，其用不窮。

【譯文】事物極其充盈，好像很空虛，但應用起來，卻沒有窮盡。

【解析】道是無所不有的，充滿了所有事物之中。但它是無形的，看不到、摸不到、聽不到，好像很空虛。但是如果運用道的規律做事，則是無窮盡的，它可以運用在任何事物之中。

3. 大直若屈；大巧若拙；大辯若訥。

【譯文】大的正直，好像有彎曲；大的巧妙事物，就好像很笨拙；合於道的辯論，就好像語言遲鈍一樣。

【解析】道是沒有親疏、利害、貴賤的。大直、大巧、大辯都是在合於道的方式下進行的，合於道的正直是不會在世俗的情感驅使下做出違背道的事情。合於道的巧，是人們感到他做事笨拙，甚至嘲笑他，但最後他卻大器晚成。合於道的辯，是不辨之辯，上士不辯也自然理解，下士辯也辨不清，所以不辯合於道。

4. 靜勝躁，寒勝熱。清靜為天下正。

【譯文】安靜的勝過躁動的，寒冷的勝過火熱的。清靜無為才為天下之本。

【解析】成就大事是安靜的，為內，為陰；獲得一時之利則是躁動的，為外，為陽。內為外之根，陽為陰之表。所以安靜、寒冷的勝過躁動、火熱的。清靜無為的修行，才是與天地萬物合一的根本方法。

運用法門

本章講述的是修道人應有的行為與狀態。合於道的方法，就是不要注重局部利益的得失，不要被世人狹隘的觀念所左右。要著眼於事物的整體和內質，最後才可以獲得大的成功。

從修行功態來講，為自己種下了清淨之根，才會成就大修為。

第四十六章

天下有道，卻走馬以糞；天下無道，戎馬生於郊。禍莫大於不知足；咎莫大於欲得。故知足之足，常足矣！

治理天下遵循於道的自然規律，則天下太平，可以把戰馬退還到田間給農夫用來耕種；治理天下不遵循於道的自然規律，則戰亂四起，戰馬會生於郊野。引起禍事最大的原因是不知道滿足；引起罪過的最大原因是貪得。所以知道滿足的人，永遠滿足啊！

1. 天下有道，卻走馬以糞；天下無道，戎馬生於郊。

【譯文】治理天下遵循於道的自然規律，則天下太平，可以把戰馬退還到田間給農夫用來耕種；治理天下不遵循於道的自然規律，則戰亂四起，戰馬會生於郊野。

【解析】順應天道的自然規律，不為一己之私，無欲、無求、無為，不壓榨百姓，使百姓安居樂業，生活幸福，就會天下太平，百姓不會造反，就連戰馬都可以在田間耕地。如果不能以寬闊的、無私的胸懷順天道治國，貪得無厭，欺壓剝削百姓，百姓無以生活，就會烽煙四起，禍亂連連，就是戰馬都會生在郊野。

2. 禍莫大於不知足；咎莫大於欲得。故知足之足，常足矣！

【譯文】引起禍事最大的原因是不知道滿足；引起罪過的最大原因是貪得。所以知道滿足的人，永遠滿足啊！

【解析】自私的貪欲是引起戰亂的禍首，所以要知道滿足，不要貪得無度，這樣才不會給自己帶來災難。只有知道滿足的人，才是真正幸福的人。

運用法門

本章主要闡述的是：修道者應具有無為、知足、不貪婪的行為。貪婪是戰亂的禍首，提示順天而行的人要以無為的狀態要求自己。不論是修道者，治天下的王者，還是「以道佐人主者」，都要知道滿足，讓天下百姓過安穩幸福的日子。要提防自私和貪婪，因為這會給自己帶來災難，是最大的敵人。

第四十七章

不出戶，知天下；不窺牖ㄧㄡˇ，見天道。其出彌遠，其知彌少。是以聖人不行而知，不見而明，不為而成。

不用出家中的門，就知道天下的事情；不用從窗戶向外面看，就知道天道自然規律的運化。走出去的越遠，知道的事情越少。所以聖人不用去外面走就知道，不用見到也會明白，不強為也可以做成。

1. 不出戶，知天下；不窺牖，見天道。

【譯文】不用出家中的門，就知道天下的事情；不用從窗戶向外面看，就知道天道自然規律的運化。

【解析】在執大象、天下往的功態中；在無狀之狀、無物之象的惚恍中；在致虛極、守靜篤，萬物並作、吾以觀復的禪定中，都可以出現「窈兮冥兮，其中有精，其精甚真，其中有信」的功態現象反應。當然也就是：足不出戶的在家中，不用推開門窗，就全然知道天下事情，並且明瞭天道自然規律的運化。

注：請參考第十四章、十六章、二十一章、三十五章

2. 其出彌遠，其知彌少。

【譯文】走出去的越遠，知道的事情越少。

【解析】不安心用功修煉，把時間都荒廢在遍訪名山大川，到處雲遊訪道的路途上，當然就是走的越多越遠，知道的就越少了。

3. 是以聖人不行而知，不見而明，不為而成。

【譯文】所以聖人不用去外面走就知道，不用見到也會明白，不強為也可以做成。

【解析】聖人是安心修煉的，並不會用多餘的時間到處遊走，以至於荒廢光陰，所以聖人的修為自然就會很深，具有不出門便知天下事的能力，不去外面見到事情也清楚事情原委。聖人不強行做事情，只是順天道而維護與引導，事情自然就成功了。

運用法門

本章講述修道人應該安心修煉，不要荒廢光陰，要珍惜時間。只有精進的修煉，才可以達到「不行而知，不見而明，不為而成」。

第四十八章

為學日益，為道日損，損之又損，以至於無為。無為而無不為。取天下常以無事，及其有事，不足以取天下。

作為學習，求知的欲望和知識是越來越多的；作為修道，欲望和貪求是越來越少的。少之又少，以至於沒有狹隘的、自私的心態，進而身心與道的空無本性相合，達到無為的狀態。道的空無本性可化生承載萬物，那麼修道者的狀態及資訊與道相同，也在宇宙萬物之中，無所不有，無所不在。得到天下，是以道的空無本性承載於天下，順其自然的規律，無為處之，不干擾社會自然發展，如果以事端干擾社會自然發展，不會得到天下。

1. 為學日益，為道日損，損之又損，以至於無為。

【譯文】作為學習，求知的欲望和知識是越來越多的；作為修道，欲望和貪求是越來越少的。少之又少，以至於沒有狹隘的、自私的心態，進而身心與道的空無本性相合，達到無為的狀態。

【解析】不斷地學習，知識積累的越多，理解的就越深，興趣也就越大，所以就越喜歡學習。而對於修道，捨去貪求和欲望是屬於修行的心法，是修道的工具。所以修道層次越深，欲望和貪求就越少。最後越來越少，沒有狹隘的、自私的心態，心胸越來越寬闊，就能以無限寬廣的、全面的眼光看待宇宙大自然與各個空間；並以寬闊的胸懷以及無窮盡的身體資訊，與道的能量資訊相合。這樣無限性的相合，以至於化為非空之空的空無狀態，這就是無為狀態。

2. 無為而無不為

【譯文】道的空無本性可化生承載萬物，那麼修道者的狀態及資訊與道相同，也在宇宙萬物之中，無所不有、無所不在。

【解析】與道無窮盡的相合，就會化為非空之空的空無狀態，但是這非空之空的空無狀態中卻是含有萬物的，是不顯性質的非空，具有樸的性質。它可以進入萬物之中，是運化與組成萬物、其小無內的積微物質，所以在這個非空之空的無中，即可以無所不為。

3. 取天下常以無事，及其有事，不足以取天下。

【譯文】得到天下，是以道的空無本性承載於天下，順其自然的規律，無為處之，不干擾社會自然發展，如果以事端干擾社會的自然發展，不會得到天下。

【解析】在處於這個合於道、非空之空的自然狀態下，可以運化萬物，承載萬物，掌握萬物。如果想要得到並管理天下，就要將順天道而行的自然規律運用在社會之中，引導社會回歸淳樸自然，使百姓安居樂業。如果不順應天道自然，經常挑起事端，使百姓不得安生，則坐不穩天下，即使得到天下也會很快被推翻。

運用法門

本章講述的是：修道者層次越深，貪得的欲望就越少，進而達到非空之空的無為狀態。以這樣合於天道的狀態應用在社會上，社會受益，天下安定，百姓會很幸福，進而民心所向，行道者也能成為王者。如果以世間的有為法乃至強為法管理天下，就會挑起事端。破壞了天道自然的社會發展規律，那麼天下就不會穩定，永遠不會真正得到天下。

第四十九章

聖人無常心，以百姓心為心。善者，吾善之，不善者，吾亦善之，德善。信者，吾信之，不信者，吾亦信之，德信。聖人在天下，歙歙焉，為天下渾其心，百姓皆注其耳目，聖人皆孩之。

聖人沒有以自我為主的心態，以百姓的心態做為自己的心態。百姓之中善良的人，我以善良的態度對待，不善良的人，我也以善良的態度對待，這就是引導他建立善良行為的方法。有誠信的人，我相信他，沒有誠信的人，我也相信他，這是引導他建立誠信的方法。聖人在管理天下之中，收斂自己的意志，為了天下百姓，混沌自己的心；百姓都關注自己喜聞樂見的生活，聖人把百姓看做自己的孩子。

1. 聖人無常心，以百姓心為心。

【譯文】聖人沒有以自我為主的心態，他以百姓的心態做為自己的心態。

【解析】聖人是順應天道自然的，不以自我的主觀意識作為準則，所以聖人在自然社會生活之中，以百姓心為心。

2. 善者，吾善之，不善者，吾亦善之，德善；信者，吾信之，不信者，吾亦信之，德信。

【譯文】百姓之中善良的人，我以善良的態度對待，不善良的人，我也以善良的態度對待，這就是引導他建立善良行為的方法；有誠信的人，我相信他，沒有誠信的人，我也相信他，這是引導他建立誠信的方法。

【解析】心性好、善良有信用的人，聖人相信他；心性不好沒有信用的人，聖人也會相信他，進而從內心改變他，漸漸地建立起一個善良誠信的風氣。這是建立好心性講信用的方法。

3. 聖人在天下，歙歙焉，為天下渾其心。

【譯文】聖人在管理天下之中，收斂自己的意志，為了天下百姓，混沌自己的心。

【解析】聖人是無為的，他的心已經化為天下之心，百姓的心就是聖人自己的心。

4. 百姓皆注其耳目，聖人皆孩之。

【譯文】百姓都關注自己喜聞樂見的生活，聖人把百姓看做自己的孩子。

【解析】百姓在這種天道融融的享樂之中，只關心自己的生活，充分的享受幸福，這也正是聖人所要達到的目的。其實百姓並不知道是聖人的功勞，聖人也把百姓看做自己的孩子。

運用法門

本章講述了一個作為修道有成者的風範，希望後來的修道者以聖人為榜樣，在行聖賢之道時，充分的融入到世間生活中，順應天道，做出有宜於社會安定團結、有宜於百姓大眾的事情。

第五十章

出生入死。生之徒，十有三；死之徒，十有三；人之生，動之於死地，亦十有三。夫何故？以其生生之厚。蓋聞善攝生者，路行不遇兕虎，入軍不被甲兵。兕無所投其角，虎無所措其爪，兵無所容其刃。夫何故？以其無死地。

從出生到死亡，正常享受一生時光，壽命較長的人，十個裡面有三個；壽命較短的人，十個裡面有三個；陷於絕境而死亡的人，十個裡面有三個。這是什麼原因呢？因為是為了達到極致的生活，而貪婪獲得的太多了。聽說善於運化能量、養護生命的人，在路上行走不會遇上獨角獸和老虎，進入軍隊之中不用披盔甲。獨角獸不會用角刺向他，老虎不會用爪撲抓他，兵士不會用刀砍向他。這是什麼原因呢？因為他不會有死亡的絕境。

1. **出生入死。生之徒，十有三；死之徒，十有三；人之生，動之於死地，亦十有三。夫何故？以其生生之厚。**

【譯文】從出生到死亡，正常享受一生時光，壽命較長的人，十個裡面有三個；壽命較短的人，十個裡面有三個；陷於絕境而死亡的人，十個裡面有三個。這是什麼原因呢？因為是為了達到極致的生活，而貪婪獲得的太多了。

【解析】從第二十五章的「大曰逝，逝曰遠，遠曰反」和「人法地，地法天，天法道，道法自然」的論述來看，天道自然是有其特定規律的，人是大自然的產物，也必然受自然規律的制約。所以，人生也必然在大自然規則的運化之中，有其特定的軌跡。每個人在大自然中所處的先天占位不一樣，所以每個人的人生軌跡也並不相同。人在世的時間長短不一，有的人長壽，有的人短壽，有的人卻是中途暴亡，並非是正常的死亡，這是什麼原因呢？是因為他太貪婪了。大自然的規律是捨得平衡的，當他貪婪地達到他人生中該有的最高值後，極限就到了，壽命也就沒有了；但其實這樣也屬於天道該結束他的生命，是必然的規律。這裡指的貪婪及其結果，有的是多得多占，占滿了他一生的所有，壽命自動結束；有的是由於現世貪婪造成了壞事，違背了天道自然規律，進而獲得了懲罰；有的是很早以前在貪婪的行為中種下的惡因，時間到了應該得到的報應。總之，一切源於惡因。

2. **蓋聞善攝生者，路行不遇兕[1]虎，入軍不被甲兵。兕無所投其角，虎無所措其爪，兵無所容其刃。**

【譯文】聽說善於運化能量、養護生命的人，在路上行走不會遇上獨角獸和老虎，進入軍隊之中不用披盔甲。獨角獸不會用角刺向他，老虎不會用爪撲抓他，兵士不會用刀砍向他。

(1)兕：獨角獸。

【解析】這種人生中途暴亡的事情誰都不想有，那麼怎麼辦呢？就是要「善攝生」，所謂善攝生就是：以主觀意識主動地收攝生命的能量，用能量養護自己，並且循天道做捨善之事，其實這也是修道範疇之內的。所謂循天機而起、改天機而行，就是順應著大自然規律修行自己，進而改變一生中的所謂固定的天命，那麼就是「我命在我不在天」，命運就可以自己掌握了。

我們真的可以改變命運嗎？是的，可以改變！安心修煉，在無為而無不為的資訊能量中改變自己，使本來應該有的災難會變得沒有或減少很多，本來應該絕症而亡的會變得健康起來。這就是順天道修行的好處，是順應大自然的情況下，改變自己不合於天道的資訊及作為，改變了就會順天者昌。就會沒有災難！就會改變了人生中不良的命運。

但是，能在順天道修行中改變自己，其實本來也是天道中應該具有這個命運的，一切都是必然的。歸根結柢，人是改變不了大自然的，只能順應大自然，在順應中有必然的改變。包括能看到我這個理論也是必然的，如果沒有必然的機緣，一生中無論如何都是看不到這個理論的；也可以說，當你看到這種理論的時候，你就具有能給自己命運做主的機緣！而且是天道自然規律讓你做主的！在順天者昌的天道自然中，當然就不會有獨角獸用角刺向他，老虎用爪撲抓他，兵士用刀砍向他。

3. 夫何故？以其無死地。

【譯文】這是什麼原因呢？因為他不會有死亡的絕境。

【解析】正是因為修道者順天者昌，就不會有災難，不會走入死亡的絕境。

運用法門

本章講述修道的好處。修道可以改變命運，人生旅途中不會出現災難。安心修道，可以與天道自然規律相合，得到大自然的能量資訊，使身體順應自然。在享受大自然的能量中，體悟探索無窮盡的宇宙多維空間。在有限的人生中，與天道無形的能量相合，為健康長壽，成其長久，幸福快樂的度過一生！

第五十一章

道生之，德畜之，物形之，勢成之。是以萬物莫不尊道而貴德。道之尊，德之貴，夫莫之命而常自然。故道生之，德畜之。長之育之，成之熟之，養之覆之。生而不有，為而不恃，長而不宰，是謂玄德。

道生萬物，德遵從著道的自然規律而蘊含於萬物之中，使萬物發展成各自的形態，最後圓滿的達到各自的成果。所以萬物無不尊崇道德。萬物對道德的尊貴，是由於道生長萬物而不加以干涉，德維護、引導萬物而不加以主宰。因此道化生萬物，德蘊含於萬物並引導萬物。萬物生長發展，成熟圓滿，道與德使萬物受到滋養和庇護。道德對萬物的生長並不占有，維護萬物而並不把持著萬物，引導著萬物而並不主宰萬物，這就是符合於自然規律運化的方法。

1. 道生之，德畜之，物形之，勢成之。

【譯文】道生萬物，德遵從著道的自然規律而蘊含於萬物之中，使萬物發展成各自的形態，最後圓滿的達到各自的成果。

【解析】道存在於萬物之中，萬物依靠道的規律，在德的維護、引導下，出生、成長到結出豐碩的果實，乃至繁衍後代。整個過程，都離不開道德的運化。

2. 是以萬物莫不尊道而貴德。道之尊，德之貴，夫莫之命而常自然。

【譯文】所以萬物無不尊崇道德。萬物對道德的尊貴，是由於道生長萬物而不加以干涉，德維護、引導萬物而不加以主宰。

【解析】道承載、運化著萬物，並不占有萬物，德順應自然引導萬物，並不主宰萬物。道與德無私的運化方式，自然獲得萬物尊崇。

3. 故道生之，德畜之。長之育之，成之熟之，養之覆之。

【譯文】因此道化生萬物，德蘊含於萬物並引導萬物。萬物生長發展，成熟圓滿，道與德使萬物受到滋養和庇護。

【解析】道德在這種不主宰、不占有的情況下，滋養和保護著萬物蓬勃發展，成熟圓滿。

4. 生而不有，為而不恃，長而不宰，是謂玄德。

【譯文】道德對萬物的生長並不占有，維護萬物而並不把持著萬物，引導著萬物而並不主宰萬物，這就是符合於自然規律運化的方法。

【解析】萬物各自順應自我的特點發展，形成了世間各種不同的事物，這就是道化生了萬物而不占有、德引導萬物順應自我的軌道發展而不主宰的結果。

運用法門

本章講述了道德對於萬物發展的運化方法，就是「生而不有，為而不恃，長而不宰」，使修道者能掌握道德的規律，提示修道者，人是道德的產物，要回歸於道德之本修行自己，進而與大自然相合，進入道的空無本態，運化萬物，與道同在。

第五十二章

天下有始，以為天下母。既得其母，以知其子；既知其子，復守其母，沒身不殆。塞其兌，閉其門，終身不勤。開其兌，濟其事，終身不救。見小曰明，守柔曰強。用其光，復歸其明，無遺身殃，是為襲常。

萬物最早開始的根源，就是化生天下萬物之母。瞭解了萬物之母的本性，就知道了所化生的萬物本質特性；知道了萬物本質特性，就要遵循著萬物的根源本性規律，這樣就永遠不會有災難。塞住關竅，閉住門戶，終身遵循著這個規律勤奮的修為。打開關竅，做一些不符合於道的事情，終生都不可救藥。能夠體悟觀察到道的細微運化，叫做明；能夠持守道的樸素、柔弱的特性，叫做強。運用道的外在光芒，返照內在細微運化的明，就不會給自身帶來災難，這就是承襲古人的修道方法。

1. 天下有始，以為天下母。既得其母，以知其子。

【譯文】萬物最早開始的根源，就是化生天下萬物之母。瞭解了萬物之母的本性，就知道了所化生的萬物本質特性。

【解析】從第四十二章「道生一、一生二、二生三、三生萬物」和第二十五章「有物混成，先天地生。寂兮寥兮，獨立而不改，周行而不殆，可以為天地母」中可以看到，道是化生萬物的根源。那麼我們明白了道的本質及其運化規律，也就明白了它所化生的萬物的本質特性。

2. 既知其子，複守其母，沒身不殆。

【譯文】知道了萬物本質特性，就要遵循著萬物的根源本性規律，這樣就永遠不會有災難。

【解析】既然知道了萬物的本質特性，就會對其特性加以應用而不會違背它。比如我們知道汽油是可以點燃的，就不會噴灑汽油去滅火。瞭解事物的特性，並遵循著它的本質規律，就不會出現災難。

3. 塞其兌[1]，閉其門[2]，終身不勤。開其兌，濟其事，終身不救。

【譯文】塞住關竅，閉住門戶，終身遵循著這個規律勤奮的修為。打開關竅，做一些不符合於道的事情，終生都不可救藥。

(1)兌：關竅。
(2)門：門戶。

【解析】從修道角度來講，塞住內在關竅，以阻止欲望外出；封閉外在門戶，以阻止色欲的利誘、侵入，遵循著道的規律終身勤奮修煉，最後一定會有所成就。如果打開關竅，欲望在世俗中貪婪不止；打開門戶，色欲利誘不斷侵入，這就如同汽油遇到了大火，會將自身本源燒光，這樣也就是終身不救。

4. 見小曰明，守柔曰強。

【譯文】能夠體悟觀察到道的細微運化，叫做明；能夠持守道的樸素、柔弱的特性，叫做強。

【解析】能夠體悟到其小無內的樸，就會明白道的規律及萬物的本源和運化，因為樸就在它們當中。當能將自身禪守至與道相合，運化於樸，那樣的身體資訊能量將是其大無外，而又其小無內的。

在這功態中，全身似乎看不到、摸不到、聽不到，極其弱小，弱小到沒有止境的，蘊含於萬物之中；正因為蘊含於萬物之中，所以又包容於萬物，這就又是其大無外的。萬物都依靠你來組成，你的身體就是樸，是無所不有、無所不在的。樸就是你，是化生萬物的主宰，所以你也是最強的，但是你只會去承載而不會去主宰萬物。這就是守樸的修道功態法門之一，也即守弱曰強。

5. 用其光，復歸其明，無遺身殃[1]，是為襲[2]常。

【譯文】運用道的外在光芒，返照內在細微運化的明，就不會給自身帶來災難，這就是承襲古人的修道方法。

(1)殃：災難。
(2)襲：承襲。

【解析】用其光，復歸其明，這是古代修道的法門之一。是指運用陽性的能量，也就是大腦中的性光，照射入身體直達於丹田，使身體陰陽和合，歸復於萬物的本源，也就是與道合一的狀態。在煉丹術中就是陰陽交合，也即水火交融，進而起火煉丹。所謂：龍木生火起性光，虎金生水聚命炁，性命交合成金丹。

運用法門

本章主要講的是修道的法門，首先要明白道是萬物之母，萬物就包括著我們自己。我們既然是道之子，那麼我們的本質就是可以與道相合的；道是具有無窮無盡空間的、長久的、永存的，我們要達到這個目標，就要與道合一。所以我們要把自己復歸於道的本源，也就是「逆成仙」。這樣就需要我們「塞其兌，閉其門，終身不勤」的修煉，修煉方法就是自身禪守至與道相合，要修出樸，進而運化樸，無為而無不為，以至於散者為風、聚者成形。

禪守修煉自身就是「用其光，復歸其明」，到一定層次後，就會進入運化樸的狀態。但是「用其光，復歸其明」並非是完全具體的修煉方法，這只是說明要達到「復歸其明」而合於道的結果，其實這修煉的方法就是內丹術，被道家視為不二法門。但是各門派的丹法也不盡相同，各有其特色，具體的修煉方法一般都掌握在道家各門派相關傳人手中，不形成文字流傳。

第五十三章

使我介然有知，行於大道，唯施是畏。大道甚夷，而民好徑。朝甚除，田甚蕪，倉甚虛；服文彩，帶利劍，厭飲食，財貨有餘。是為盜誇。非道也哉！

使我堅定不移的認為，在修道的過程中，惟獨踏踏實實的修行是最不容易的。修行的大道是平坦的，而眾人卻喜歡找捷徑。符合於實際的秩序被徹底廢除，不耕種修道的種子，不積累、存儲修道的底蘊；但是外表上卻穿著美麗的服飾，佩戴利劍，不喜歡飲食，財貨很多、有餘。給人感覺這是修道的形象。其實這是盜竊了修道，並對自我進行了不切實際的誇大。這樣的人並不是真正的修道者！

1. 使我介然(1)有知，行於大道，唯施是畏。

【譯文】使我堅定不移的認為，在修道的過程中，惟獨踏踏實實的修行是最不容易的。

【解析】接觸修道需要緣分，道緣來了，接觸後能像「上士聞道勤而行之」，就更不容易，這需要一心一意踏踏實實的修行，不僅要修煉命功能量，還要修心性除貪欲，心寬闊不自私，善於捨。一時間的修行，很多人都可以做到，難得的是持之以恆。今天煩惱放下了，明天又撿起來了；今天捨出去了，很開心，明天後悔了，認為是否不值得；今天安心修煉功態很好，明天又沒有堅持，三天打魚兩天曬網。這樣變來變去，很難進入更深層次。

(1)介然：堅定不動搖。

2. 大道甚夷(1)，而民好徑(2)。

【譯文】修行的大道是平坦的，而眾人卻喜歡找捷徑。

【解析】修行的大道是平坦的，能安心修行就會到達目的地。但是修行又是漫長的，很多人耐不住性子，不能持之以恆的修行。主要就是外面的誘惑太多了，各種術數，各種捷徑法門，總是以為有投機取巧的方法，找近路可以直穿過去。其實這是錯誤的觀念，真正的大道是不會在外面吆喝的，也並不會炫耀，因為有道者明白「自是者不彰、自伐者無功、自矜者不長」的道理。所以有道的人並不賣弄道，賣弄道的人沒有道。修道也沒有捷徑，道的規律是捨得平衡的，付出去才會有相應的回報。只有真正認識道的規律以後，塞其兌，閉其門，終身不勤，才可以獲得道的雨露恩澤，進而與道合一。

(1)夷：平坦。
(2)徑：捷徑。

3. **朝[1]甚除，田甚蕪[2]，倉甚虛。服文彩，帶利劍，厭飲食，財貨有餘。**

(1)朝：朝綱、秩序。
(2)蕪：亂草叢生的地方、荒蕪。

【譯文】符合於實際的秩序被徹底廢除，不耕種修道的種子，不積累、存儲修道的底蘊；但是外表上卻穿著美麗的服飾，佩戴利劍，不喜歡飲食，財貨很多、有餘。給人感覺這是修道的形象。

【解析】不踏實修行的人，會打亂秩序，並不培育、積累修道的種子。他把自己裝扮得像一位仙人，有美麗的服飾（修煉服裝、道袍等），莊重的形態，不喜歡飲食，好像具有辟穀修為，財貨很多似乎不屑一顧，讓人從外在認為是高深的修道者。

4. **是為盜誇。非道也哉！**

【譯文】其實這是盜竊了修道，並對自我進行了不切實際的誇大。這樣的人並不是真正的修道者！

【解析】修道者是從內至外始終如一的，並不會用外在的表象以示人修道。那些人的做法就是張冠李戴，盜竊了修道的名義，並可能虛妄的傳播假道學，他們並不是真正的修道者。

運用法門

本章講述的是：大道很平坦，修道者應該踏踏實實的修行，不要琢磨投機取巧的所謂捷徑。道是無為而無不為的，不能用有形的、狹隘的心態來度量；更不要做表面上的假象，用來誤導世人，那樣會遭到天道的懲罰。

第五十四章

善建者不拔，善抱者不脫。子孫以祭祀不輟。修之於身，其德乃真；修之於家，其德乃餘；修之於鄉，其德乃長；修之於國，其德乃豐；修之於天下，其德乃普。故以身觀身，以家觀家，以鄉觀鄉，以國觀國，以天下觀天下。吾何以知天下然哉？以此。

合於道的建樹，是不會被拔除的；合於道的修行，是不會脫離於身體的。子孫後代祭祀不會間斷。這種合於道的行為應用於自我身體，就是純樸的真實本源；這種行為應用於家庭，家庭之中就會盈餘合於道的行為；這種行為應用於鄉里，就會使合於道的行為遍布鄉里；這種行為應用於國家，就會使合於道的行為充滿國家；這種修為應用於天下，就會使合於道的行為普遍天下。所以以自身觀別人身，以自家觀別人家，以自己家鄉觀別人家鄉，以自己國家觀別人國家，以自己的天下觀別人的天下。我怎麼能知道天下的情況呢？就是以這種是否合於道的行為來對比出來的。

1. **善建者不拔，善抱者不脫。子孫以祭祀不輟。**

【譯文】合於道的建樹，是不會被拔除的；合於道的修行，是不會脫離於身體的。子孫後代祭祀不會間斷。

【解析】合於道的行為就像道的本性一樣，是博大的，大到乃至於無窮盡。比如老子、孔子、釋迦牟尼佛的儒釋道三教學說，就像無窮盡的天道一樣，不斷地流傳下去。子孫後代會繼承並傳播，使天下人受益。

2. **修之於身，其德乃真；修之於家，其德乃餘；修之於鄉，其德乃長；修之於國，其德乃豐；修之於天下，其德乃普。**

【譯文】這種合於道的行為應用於自我身體，就是純樸的真實本源；這種行為應用於家庭，家庭之中就會盈餘合於道的行為；這種行為應用於鄉里，就會使合於道的行為傳遍鄉里；這種行為應用於國家，就會使合於道的行為充滿國家；這種修為應用於天下，就會使合於道的行為遍布天下。

【解析】合於道的行為不論應用在自身、家鄉、國家還是天下，都會使之受益。社會大眾會順應著天道自然而生活，這樣就會回歸於人性的純潔、樸素本質，沒有爾虞我詐，沒有自私自利。民風淳樸，幸福快樂。

3. **故以身觀身，以家觀家，以鄉觀鄉，以國觀國，以天下觀天下。吾何以知天下然哉？以此。**

【譯文】所以以自身觀別人身，以自家觀別人家，以自己家鄉觀別人家鄉，以自己國家觀別人國家，以自己的天下觀別人的天下。我怎麼能知道天下的情況呢？就是以這種是否合於道的行為來對比出來的。

【解析】以自我的情況，觀察別人的情況，就知道差別。別人更符合於天道，自我就要學習並改進。自我更符合於天道，別人就是一面鏡子，就要更謙虛、謹慎、小心翼翼，不要脫離合於道做事的隊伍。

運用法門

本章闡述修道者應具有合於道的行為，只有合於道，才會更長久。要時時照照鏡子，尋找自我的不足，並加以改進。

第五十五章

含德之厚，比於赤子。毒蟲不螫，猛獸不據，攫鳥不搏。骨弱筋柔而握固，未知牝牡之合而朘作，精之至也。終日號而不嗄，和之至也。知和曰常，知常曰明。益生曰祥，心使氣曰強。物壯則老，謂之不道，不道早已。

順應天道內涵深厚的人，就好比剛出生的嬰兒。有毒刺的蟲不會用毒針扎他，兇猛的野獸不會用爪子撲抓他，兇惡的大鳥不會搏擊他。嬰兒的骨質很弱筋很柔軟，但是小手卻可以緊緊抓牢，不知道男女陰陽交合的事情，但是小男孩的生殖器卻可以常常勃起，這就是精氣充足的表現。一整天都啼哭，而聲音不會沙啞，這就是身體陰陽相合的表現。知道相合的表現了，就明白了這是宇宙自然規律的常態現象，知道常態現象了，就明白了自然規律的運化本源。以明白常態、知道相合，並本著自然規律的本質特性，運用在自我生命的有益運化之中，這就會使生命合於道，吉祥如意。但是如果過分追求這種狀態，就違背了自然規律的本質特性，也就是道的虛空本質特性，那麼就由虛空的無為變為有形的有為，不斷地貪求，有為就會越來越強大。越來越強大的事物，最終一定走向衰老，這就不符合於道了，不符合於道很快就會滅亡了。

1. 含德之厚，比於赤子。

【譯文】順應天道內涵深厚的人，就好比剛出生的嬰兒。

【解析】修道很深的人，返璞歸真，回歸於道的無極。就如同剛剛出生的嬰兒一樣，是一張白紙，沒有恩怨情仇，沒有現世因果報應。只有與道合一的淳樸本性。

2. 毒蟲不螫，猛獸不據，攫鳥不搏。

【譯文】有毒刺的蟲不會用毒針扎他，兇猛的野獸不會用爪子撲抓他，兇惡的大鳥不會搏擊他。

【解析】既然自然規律是順天則昌的，與道相合就是順應天道，只有好報，而沒有惡報。就如同第五十章中的「兕無所投其角，虎無所措其爪，兵無所容其刃。夫何故？以其無死地」是同一個道理的。既然沒有惡果，那麼，就不會有毒蟲、猛獸、攫鳥來傷害他。

3. 骨弱筋柔而握固，未知牝牡(1)之合而朘作(2)，精之至也。終日號而不嗄，和之至也。

【譯文】嬰兒的骨質很弱筋很柔軟，但是小手卻可以緊緊抓牢，不知道男女陰陽交合的事情，但是小男孩的生殖器卻可以常常勃起，這就是精氣充足的表現。一整天都啼哭，而聲音不會沙啞，這就是身體陰陽相合的表現。

(1)牝牡：陰陽、雌雄。
(2)朘作：生殖器勃起。

【解析】這是以嬰兒順合於天道的狀態來比喻修道人的修為情況。修行深厚的人就像嬰兒一樣，是一張白紙，畫上什麼東西就是什麼東西。自然規律顯陽性時，他的身體就順應著出現陽性反應，並沒有主觀意識進行控制；反之，顯現陰性時，身體也同樣順應著陰性出現反應。這樣就是與天道自然同在，即使應用自身能量，也不會損耗自我的本源，精氣在天道自然中是取之不盡、用之不完的。

4. 知和曰常，知常曰明。益生曰祥，心使氣曰強。

【譯文】知道相合的表現了，就明白了這是宇宙自然規律的常態現象，知道常態現象了，就明白了自然規律的運化本源。以明白常態、知道相合，並本著自然規律的本質特性，運用在自我生命的有益運化之中，這就會使生命合於道，吉祥如意。但是如果過分追求這種狀態，就違背了自然規律的本質特性，也就是道的虛空本質特性，那麼就由虛空的無為變為有形的有為，不斷地貪求，有為就會越來越強大。

【解析】這種狀態，就是與道相合的常態，也就是自然規律運化的本源，長此以往，修為就越來越深，層次也就越來越高。但是在修行中，不能強行追求這種狀態，這個狀態是自然來的。如果過於追求，就會恰得其反，違背了道的空無本性。

5. 物壯則老，謂之不道，不道早已[1]。

【譯文】越來越強大的事物，最終一定走向衰老，這就不符合於道了，不符合於道，很快就會滅亡了。

(1)早已：很快滅亡。

【解析】違背了道的無，就會產生有，就會產生追求中的貪念能量，會心神動盪，不得安寧；長期如此，貪念能量越來越強，就產生物極必反。這樣破壞了自己所追求的合於道的空無層次，也會產生很多惡果，乃至於有的人去追求術數，結果偏離大道，最後修道失敗，與道緣盡了。

運用法門

本章講述修道人的狀態，修的層次越深，越可以返璞歸真，像嬰兒一樣，會獲得天道自然的能量。在與天道相合的能量中修行，層次就會不斷提高。但是不能以貪念去追求，那樣會恰得其反，不僅修不成道，而且會早早的滅亡了。

第五十六章

知者不言，言者不知。塞其兑，閉其門；挫其銳，解其紛；和其光，同其塵；是謂玄同。故不可得而親，不可得而疏；不可得而利，不可得而害；不可得而貴，不可得而賤。故為天下貴。

真正的明道者，是不隨意言道的。在社會上到處講自己得道、有道、成道了的人，是不真正明白道的。塞住關竅，不聞世俗流言蜚語，以免擾亂心神。閉住門戶，不受世俗利欲誘惑，免起貪妄之心，妄動勞形。磨滅它的銳利，解開它的紛亂，它的各種光混合在一起，各種細微的事物混元在一起。也就是所有事物自然規律運化的本源是相同的。所以，在道中沒有親，沒有疏；沒有利，沒有害；沒有貴，沒有賤。這種道的本源狀態，對於萬物來講，就是天下間最可貴的。

1. 知者不言，言者不知。

【譯文】真正的明道者，是不隨意言道的。在社會上到處講自己得道、有道、成道了的人，是不真正明白道的。

【解析】修道是行為和狀態上的，並不是語言上的，古修道者講：「聖人行不言之教，說之錯之。」道的內在是無為的，語言上也是說不清的，只能身有所感，心才會有所悟，這個狀態只有修道者自知。

有道的人不隨意言道，因為道並不是可以隨意傳播的，有些教派在社會上遊說，叫人入教，也謂普度眾生；當然很多教派都是好的，有益社會的，他們改善並促進了社會的善良風氣。但是道家的做法則不一樣，別人主動找上來求道，還要看人家是不是可以修道，很多時候經過考察，才決定教與不教。但養生祛病的方法，則可以向大眾教授；真正的深層次修道，比如說內丹術修煉，則不會隨意傳播。

雖然每個人或多或少都具有修道的潛質，但是也要看每個人的具體因緣情況。明白的講，所謂的下士基本上是不能修道的，即使修了也不會有多大進步，因為他堅持不了，況且社會上下士居多，傳道也會被嘲笑，不僅可能自取其辱，而且還會耽誤自我修行。所以，沒必要惹些無謂的麻煩，除非另有其他私利目的者，他們會以利誘惑，欺詐大眾，這些利誘是最適合下士口味的，當發現被騙也晚了，這些都是真正修道人所不齒做的。所以懂道的人不會到處宣揚自己有多大道行，也不會滿社會招人修道；到處鼓吹、宣揚的人，其實並不懂道，多數是騙子，更不會講道德。所以這也是當今真正的道家沒能大範圍傳播的原因之一。

2. 塞其兌，閉其門；挫其銳，解其紛；和其光，同其塵；是謂玄同。

【譯文】塞住關竅，不聞世俗流言蜚語，以免擾亂心神。閉住門戶，不受世俗利欲誘惑，免起貪妄之心，妄動勞形。磨滅它的銳利，解開它的紛亂，它的各種光混合在一起，各種細微的事物混元在一起。也就是所有事物自然規律運化的本源是相同的。

【解析】真正修道人並不參與世間的那些影響心態的、耗費精氣的繁雜事務，所做的是不聞流言蜚語，不受利欲誘惑，不起妄心，不起貪念，安心修道。長此以往，在這樣的境界之中，就會進入更深的層次，回歸於道的本源，洞察到了萬物之根的狀態，感悟到了樸的本質。其本質就是「挫其銳，解其紛；和其光，同其塵」，明白了萬物之根的本源本來就是相同的。

3. 故不可得而親，不可得而疏；不可得而利，不可得而害；不可得而貴，不可得而賤。故為天下貴。

【譯文】所以，在道中沒有親，沒有疏；沒有利，沒有害；沒有貴，沒有賤。這種道的本源狀態，對於萬物來講，就是天下間最可貴的。

【解析】在這個境界中，一切事物混元在一起，它們的本源是相同的，所以也就沒有親疏、利害、貴賤，這種沒有分別的混元境界狀態，是最可貴的。修道者能修為到這種境界，與之相和，也是天下間最可貴的。

運用法門

本章講述：有志於修道的人，不要被外面夸夸其談的假修道者所迷惑，不要極力追求好奇的術數、神祕的現象，不要想利用這些所謂的特殊能力獲得利益。應該踏實的、安心本分的修行。塞住關竅，不聞世俗流言蜚語，以免擾亂心神。閉住門戶，不受世俗利欲誘惑，免起貪妄之心。在這樣的長期修行中，就會認知宇宙萬物同根的本源，會認知萬物本源相同的積微物質——樸，進而與無所不有、無所不在的樸不斷相合。當達到了樸即我、我即樸的層次，那麼就獲得了與道同在的至高境界。

第五十七章

以正治國，以奇用兵，以無事取天下。吾何以知其然哉？以此：天下多忌諱，而民彌貧；民多利器，國家滋昏；人多伎巧，奇物滋起；法令滋彰，盜賊多有。故聖人云：「我無為而民自化；我好靜而民自正；我無事而民自富；我無欲而民自樸。」

要以符合於天道自然規律的方法治理國家，要以讓人難以想像到的方法用兵，要以不挑起無謂的事端得到、掌握天下。我怎麼知道是這樣呢？這是因為：天下間的忌諱越多，民眾就越貧窮；民眾手中的銳利武器越多，國家就越混亂；人們投機取巧、愚弄欺詐的壞本領越多，稀奇古怪的邪惡之事就越厲害；法令超出於正常的社會現實，越是氾濫嚴明，盜賊反而越多。所以聖人說：我處於天道自然的狀態，不強為的改變社會，民眾就會順應天道自然規律而自我教化；我喜歡清靜自然，心無邪念，民眾就自然行為端正；我不挑起無為的事端，民眾就自然富足；我無所貪求，民眾自然敦厚樸實。

1. 以正治國，以奇用兵，以無事取天下。吾何以知其然哉？

【譯文】要以符合於天道自然規律的方法治理國家，要以讓人難以想像到的方法用兵，要以不挑起無謂的事端得到、掌握天下。我怎麼知道是這樣呢？

【解析】治理國家要合於天道的規律，這就是正道，讓天下淳樸自然，不能摻雜個人的私心貪念。用兵則以出奇制勝為本，對方想不到的地方，也是對方防備不到的。順天道得到天下是最自然的，是不會有無謂的事端發生的。

2. 以此：天下多忌諱，而民彌貧；民多利器，國家滋昏；人多伎巧，奇物滋起；法令滋彰，盜賊多有。

【譯文】這是因為，天下間的忌諱越多，民眾就越貧窮；民眾手中的銳利武器越多，國家就越混亂；人們投機取巧、愚弄欺詐的壞本領越多，稀奇古怪的邪惡之事就越厲害；法令超出於正常的社會現實，越是氾濫嚴明，盜賊反而越多。

【解析】社會處在有為乃至強為的形態中，就不能順應無為的自然規律發展，社會也就越混亂。包括：忌諱多了，民眾就越貧窮；民眾武器越多，國家就越混亂；人們的壞本領越多，邪惡之事就越厲害；法令超出於社會現實，盜賊越多。

年紀稍大一點的都知道大陸的文化大革命，那時的社會就是處在強為狀態中，極其混亂，整個社會都被文化大革命所綁架。政治上人們不敢講真話，因為講了真話就可能碰到忌諱，被冠上破壞無產階級文化大革命或者挖社會主義牆角的帽子，被拉出去批鬥。行為上天天喊著無產階級革命口號，去貼大字報，搞批鬥會，跳忠字

不幹正事，工廠不正常生產，農村不正常種地，天天開革命會，吃大鍋飯。全國很多老百姓窮得吃不飽肚子，穿不上衣服，甚至一家人穿一件褲子。經濟上不允許做生意，並把不允許做生意稱為割資本主義的尾巴；如果有人偷偷賣了一點東西，那就要抓起來，冠以投機倒把的罪名，送入勞教所。文革期間由文鬥發展到武鬥，很多人手中都有槍支等武器，互相射殺，死了很多人。在北方的某個城市裡，一群群的打架鬥毆，一處處的強行搶劫，火藥槍、鐵鍬、匕首、彈弓等作惡武器也隨著地痞無賴在社會上橫行，真是非常恐怖的黑暗社會。這些種種惡行，在我幼小的心靈中留下了深深的印記，現在回憶起來還心有餘悸。

3. 故聖人云：「我無為而民自化；我好靜而民自正；我無事而民自富；我無欲而民自樸。」

【譯文】所以聖人說：我處於天道自然的狀態，不強為的改變社會，民眾就會順應天道自然規律而自我教化；我喜歡清靜自然，心無邪念，民眾就自然行為端正；我不挑起無為的事端，民眾就自然富足；我無所貪求，民眾自然敦厚樸實。

【解析】所以聖人就會順應天道而治國，不會強為的去改變社會，心態上清靜自然，不挑起社會上的爭端與仇恨，不會自私的去貪求。這樣百姓就會敦厚樸實、行為端正、生活富足，形成一個和諧、美滿的幸福社會。

運用法門

本章講述的是：具有聖賢之道的王者，要順應社會自然規律來治理國家，不要按自我的意志強為改變社會。當社會需要變化的時候，也要順應自然規律維護和引導變化。強為改變就會挑起事端，造成社會動盪，民眾貧窮，人們爾虞我詐，盜賊多，強盜多，百姓生活不幸福。

順應規律的王者以無為、好靜、無事、無欲的做法，形成了自然、安定、純樸、善良的社會風氣，使百姓安居樂業，生活富足。

第五十八章

其政悶悶，其民淳淳；其政察察，其民缺缺。禍兮福之所倚，福兮禍之所伏。孰知其極？其無正也。正復為奇，善復為妖。人之迷，其日固久。是以聖人方而不割，廉而不劌（ㄍㄨㄟˋ），直而不肆，光而不耀。

管理政務遵循著自然規律，承載而不彰顯，不吹毛求疵，不刁難民眾，民眾也會淳樸和諧；政務彰顯，壓迫民眾，民眾也會逃離。禍啊！福是與之相依偎的；福啊！禍是潛伏在其中的。誰知道最終的結果會是怎麼樣呢？因為它沒有最終的結果。正面的事物，在另一個角度來看就變成了反的；合於天道好的事情，從另一個角度來看就變成了像妖怪一樣的壞事情了。人們對這樣的迷惑，已經很久了。所以聖人做事情方正但不傷害人，有棱角但不會將事物割裂，直率但是並不放肆，光明磊落但不會閃耀刺眼。

1. 其政悶悶，其民淳淳；其政察察，其民缺缺。

【譯文】管理政務遵循著自然規律，承載而不彰顯，不吹毛求疵，不刁難民眾，民眾也會淳樸和諧；政務彰顯，壓迫民眾，民眾也會逃離。

【解析】循天道而行，不挑起無謂的事端，不設立刁難百姓的制度，百姓也不會想出一些與之抵抗的方法，社會自然和諧。反之，人們不是對抗，就是逃離。

2. 禍兮福之所倚，福兮禍之所伏。孰知其極？其無正也。正複為奇，善複為妖。

【譯文】禍啊！福是與之相依偎的；福啊！禍是潛伏在其中的。誰知道最終的結果會是怎麼樣呢？因為它沒有最終的結果。正面的事物，在另一個角度來看就變成了反的；合於天道好的事情，從另一個角度來看就變成了像妖怪一樣的壞事情了。

【解析】天道自然規律是平衡的，有捨必有得，得到了必須捨，這個淺顯的道理，修道人應該都懂得。得到的通常認為是好的，它的對立面是損失的、是壞的；捨出去的通常認為是壞的，它的對立面是好的。好與壞、捨與得是相互依存的，不可分割的。有的時候是先得到再付出，有的時候是先付出再得到。平白無故得到的東西，作為修道者，第一個想到的就應該是付出，用付出以平衡得到的事物。如果付出晚了，天道的規律也會自然出現平衡，那樣就會得不償失，也或者出現災難。所以，一般還是先付出是最穩妥的，付出後必然會得到，不論從哪個方面得到，總之會得到。因為宇宙自然規律是平衡的，一定會從某個方面回來的。明白這個道理

後，做人就不要小氣，越付出越有，越小氣越沒有。

如果有針對性的做出捨，就會針對性的返回來。所以，針對於社會的治理，當政者首先要付出去，王者付出承載天下的精力，一切為了百姓，其結果，天下一定就是他的。

所以，有道的王者治理天下，會給予百姓充分享受幸福生活的條件，並不去有為的強行管理百姓，他得到的回報就是天下太平，江山穩固，過著高貴的帝王生活。

3. 人之迷，其日固久。是以聖人方而不割(1)，廉而不劌(2)，直而不肆(3)，光而不耀(4)。

(1)不割：不傷害。
(2)不劌：不割裂。
(3)不肆：不放肆。
(4)不耀：不耀眼。

【譯文】人們對這樣的迷惑，已經很久了。所以聖人做事情方正但不傷害人，有棱角但不會將事物割裂，直率但是並不放肆，光明磊落但不會閃耀刺眼。

【解析】對於這樣的捨得關係，世人不懂道的規律，所以一直都很迷惑。但是反觀聖人是怎麼做的呢？聖人做事的方法就是：順應著自然規律，維護事物但不把持事物，引導事物但不主宰事物。維護和引導都屬於捨，但這樣的捨並不會強行改變事物的本質內因。

運用法門

本章講述的是事物的捨得關係，同時也是福禍的辯證關係，使人明白了，順應天道規律治理國家，應先捨後得。

捨棄強為的治理，就會得到百姓的民心；為百姓創造幸福生活的條件，就會得到穩固的江

山，和高貴的帝王生活。在順應天道治理國家時，應以維護和引導為主，把百姓引入幸福的生活道路，不能鋒芒畢露的強行進行管理。

第五十九章

治人事天，莫若嗇（ㄙㄜˋ）。夫唯嗇，是謂早服；早服謂之重積德；重積德則無不克；無不克則莫知其極；莫知其極，可以有國；有國之母，可以長久。是謂深根固柢，長生久視之道。

使人與天道自然規律相合，莫不如吝惜，這個吝惜，就是珍惜時間與生命，早點順應天道修行；早點順應天道修行，就會提高層次，積累很多合於道的方法；合於道的方法是無所不克的；既然是無所不克的，就是無窮盡的狀態，也就是道的虛無本質狀態，不知道它的層次到底有多深。既然是無窮盡的虛無本質狀態，在這個狀態中，則可以化生「有」的一方天地，這一方的天地之母亦是為道，正是因為它有無窮盡的道為根基，所以它是可以長久的。這就是具有很深的根基、可以長久生存的方法。

1. 治人事天，莫若嗇(1)。夫唯嗇，是謂早服(2)。

【譯文】使人與天道自然規律相合，莫不如吝惜，這個吝惜，就是珍惜時間與生命，早點順應天道修行。

【解析】修道當然是越早越好，身體隨著年齡的增長而逐漸衰老，修道成功的概率就會下降。另外，早修道身體疾病較少，在脫胎換骨層次過程中，炁沖病灶時，過程相對較短，身體反應也較輕；相反，年紀大、身體疾病多，身體內炁機衝擊時，反應就很大，就像疾病發作一樣，有些會很痛苦，整個炁沖病灶的過程也相對較長。

炁沖病灶過後，從理論上來講，體內所有的疾病也就都消除了，包括潛在的、未發作的疾病，以及之前遺留下的病根。當然，晚修道也比不修強，起碼可以祛病養生，益壽延年，幸福快樂的生活一生。如果用心加強修行，也可能會有大成就，古代也有年紀較大修道成功的案例。另外，年紀小修道進展相對較快，因為思想單純，貪婪欲望較少。

所以，有緣聞道者，珍惜有限的時光，抓緊時間，早修道，早成道。

年輕人早修道可以開發智慧，應用在現實社會中，會高瞻遠矚、運籌帷幄。

修道人在修行的同時，而又運用世間法，就是行聖賢之道，因為他明白順應自然規律、包容承載萬物、維爾弗持長而不宰的道理。這樣他即是聖賢，又有王者風範。

2. 早服謂之重積德；重積德則無不克；無不克則莫知其極。

(1)嗇：吝嗇。
(2)早服：早服從、順天修道。

【譯文】早點順應天道修行，就會提高層次，積累很多合於道的方法；合於道的方法是無所不克的；既然是無所不克的，就是無窮盡的狀態，也就是道的虛無本質狀態，不知道它的層次到底有多深。

【解析】早修道會更好更快的進入更深層次，能量會越來越多，也會越來越強，積累修道的心得，感悟道的狀態也會有更多的經驗。悟道是很重要的，所謂身有所感、心有所悟，性由自悟，命必師傳。悟性是依靠自己的，師父是教不到的。只有命功才是要依靠師父傳承的。

早修道會更快更好地體悟到與道相合的狀態。由於道是無窮盡的，所以這個狀態也是無窮盡的，似乎天地萬物都在你的運化之中，似乎你就是宇宙的主宰，你是無窮大的。

3. 莫知其極，可以有國；有國之母，可以長久。

【譯文】既然無窮盡是道的虛無本質狀態，在這個狀態中，則可以化生「有」的一方天地，這一方的天地之母亦是為道，正是因為它有無窮盡的道為根基，所以它是可以長久的。

【解析】在這種無窮大的功態之中，你會明白很多天道自然的運化規律，你會無中生有，會順應天道運化有，所以你又可以無形化有形。這個有形就是有國，你運化著有形的國，而你的根是無形的，與天道無限性相合；你的無形就是你有形的國之母，這裡的無是有之根，有是無之表，有表裡陰陽的事物才可以長久。

如果把這個修為與狀態應用到世間，即是王道的風範。

4. 是謂深根固柢，長生久視之道。

【譯文】這就是具有很深的根基、可以長久生存的方法。

【解析】這個「無」根是極其深遠的，是無形至無窮盡的，陰陽是不可分割的，所以「無」相對的「有」也是永遠的，這就是深根固柢長久生存的方法。

運用法門

本章講述的是：與道有緣的人要抓緊時間早些修道，要珍惜光陰，吝惜時間。如果修道太晚，會使修行難度加大。修道早不僅可以修行得更深、更快、更好，如果在世間應用，亦可能成其王者之道。

第六十章

治大國，若烹小鮮。以道蒞天下，其鬼不神；非其鬼不神，其神不傷人；非其神不傷人，聖人亦不傷人。夫兩不相傷，故德交歸焉。

治理大的國家，就如同煮小魚。遵循道的規律管理天下，使心術不正的人所使用的坑蒙拐騙的伎倆沒有信眾。不僅心術不正的人使用的伎倆害不到人們，也不會產生「捨、得平衡」的天道規律，來懲罰相關作惡的人；不僅不會有天道規律的懲罰，聖人也不會以有為法而去治理天下。這樣聖人不會以有為法而為之，有為法會影響修行。民眾與心術不正的人，也不會由於出現坑、蒙、拐、騙，產生相關的天道懲罰。這樣互不相傷，就是將合於道的方法相互交融在一起，歸附於道的規律法則。

1. 治大國，若烹小鮮。以道莅(1)**天下，其鬼不神。**

【譯文】治理大的國家，就如同煮小魚。遵循道的規律管理天下，使心術不正的人所使用的坑蒙拐騙的伎倆沒有信眾。

【解析】順應天道治理國家，不僅大的方向可以正確前進，而且在小的事物細節方面，也會處理的很得當、很細緻。從大的到小的事物都和諧自然，不會有多餘的是非，心術不正的人沒有進行欺詐的環境，人們也不會被利益所引誘而至上當受騙。

2. 非其鬼不神，其神不傷人。

【譯文】不僅心術不正的人使用的伎倆害不到人們，也不會產生「捨、得平衡」的天道規律，來懲罰相關作惡的人。

【解析】在天道自然的映照下，人們善良寬厚，不會自私自利，心術不正的人找不到害人的土壤，所以害不到人們，那麼也就不會受到天道的懲罰。人們也不會無意中成為害人者的幫兇，所以也不會受到懲罰。

3. 非其神不傷人，聖人亦不傷人。

【譯文】不僅不會有天道規律的懲罰，聖人也不會以有為法而去治理天下。

(1)道莅：以道的規律做事。

【解析】在這種自然、和諧、淳樸的社會中，善良的風氣遍布到每家每戶，人們不會做傷天害理的事情，不僅不會遭到天道的懲罰，作為聖人，也就不會針對社會上違背天道的不良現象去做為了。聖人（包括王者）在世間，行世間法，是要維爾弗持、長而不宰的。就是說聖人要順應天道維護、引導社會，在這個過程中，可能會有為了整體的順應天道，而去有為的維護、引導具體事務，這樣是有可能出現局部的針對某一事件的因果報應。

4. 夫兩不相傷，故德交歸焉。

【譯文】這樣聖人不會以有為法而為之，有為法會影響修行。民眾與心術不正的人，也不會由於出現坑、蒙、拐、騙，產生相關的天道懲罰。這樣互不相傷，就是將合於道的方法相互交融在一起，歸附於道的規律法則。

【解析】在美好的和諧社會中，聖人不用針對事件有為的去做什麼，那就不會產生不良的因果而傷人，更不會費心於事物而影響自我修行，這就是世間合於道的風氣與聖人的修為充分的融合在一起，歸於天道自然，這是最美好的狀態。

運用法門

本章講述的是：順應天道自然規律治理天下，致使社會上民風淳樸，人性善良。惡因沒有土壤，就不會出現天道的懲罰，民眾安居樂業，聖人清靜修行，在天道自然的美好狀態中，享受快樂的生活。

第六十一章

大國者下流，天下之牝，天下之交也。牝常以靜勝牡，以靜為下。故大國以下小國，則取小國；小國以下大國，則取大國。故或下以取，或下而取。大國不過欲兼畜人，小國不過欲入事人。夫兩者各得其所欲，大者宜為下。

大的國家，要寬容、禮讓，以處於下面的方式承載萬物，這就是作為滋潤化生天下萬物的地方，亦作為天下萬物交彙聚合的地方。柔和的陰性常以包容、清靜勝過強壯的陽性，以包容、清靜的方式獲得處於下面的狀態。所以大國以這種方式對待小國，則會得到小國的善意回報，歸順依附；小國以這種方式對待大國，則會取得大國的信任，甘願對小國付出。或者大國對待小國，取得小國的歸順依附；或者小國對待大國，取得大國的信任。大國不過想要小國的人、事、物等方面順從，不起事端。小國不過想要取得大國的信任，不與大國出現矛盾。這樣大國與小國兩者各自達到了目的，大的一方處於下為好。

1. 大國者下流[1]，天下之牝[2]，天下之交也。

【譯文】大的國家，要寬容、禮讓，以處於下面的方式承載萬物，這就是作為滋潤化生天下萬物的地方，亦作為天下萬物交彙聚合的地方。

【解析】大國是承載天下的地方，越大，萬物聚合的就越多，所以大國滋養、化生著萬物，也包容著萬物，是萬物的聚合中心。

2. 牝常以靜勝牡，以靜為下。

【譯文】柔和的陰性常以包容、清靜勝過強壯的陽性，以包容、清靜的方式獲得處於下面的狀態。

【解析】陰是為靜、為下的，越是處於下面，承載的萬物就越多，獲得的也就越多。所以，陰的為靜、為下，是勝過陽的活躍、強壯和處於上方的。

3. 故大國以下小國，則取小國；小國以下大國，則取大國。故或下以取，或下而取。

【譯文】所以大國以這種方式對待小國，則會得到小國的善意回報，歸順依附；小國以這種方式對待大國，則會取得大國的信任，甘願對小國付出。或者大國對待小國，取得小國的歸順依附；或者小國對待大國，取得大國的信任。

(1)下流：處於下的方式。
(2)牝：陰性的、化生萬物的地方。

【解析】大國承載於小國，就獲得小國的依附；小國謙下，就獲得大國的信任。所以，不論誰表示謙下，都會獲得理想的結果。

4. 大國不過欲兼畜人，小國不過欲入事人。夫兩者各得其所欲，大者宜為下。

【譯文】大國不過想要小國的人、事、物等方面順從，不起事端。小國不過想要取得大國的信任，不與大國出現矛盾。這樣大國與小國兩者各自達到了目的，大的一方處於下為好。

【解析】大國是天下萬物的聚合中心，所以希望小國安靜順從，不起事端；小國期望理想、幸福的生活環境，所以要獲得大國理解、信任和寬容。這樣雙方各自都有理想的目的，大的一方多寬容，承載為好。

運用法門

本章講述的是國與國之間的關係，兩國之間應該互相禮讓，和諧統一。大國具有先天優勢，有著雄厚的根基；小國先天不足，沒有踏實的底氣。所以，大國首先禮讓小國，會讓小國感到踏實，進而融入大國的聚合中心；大國也顯現了聚攏天下萬物的王道地位。

第六十二章

道者，萬物之奧。善人之寶，不善人之所保。美言可以市尊，美行可以加人。人之不善，何棄之有？故立天子，置三公，雖有拱璧以先駟馬，不如坐進此道。古之所以貴此道者何？不曰：求以得，有罪以免邪！故為天下貴。

道這個東西，蘊含著萬物的奧妙。它是合於道修行人的珍寶；不合於道的人，則求它佑護。美好的語言可以得到人們的尊敬，美好的行為可以加持自己，提高素養。對於不合於道做事的人，何必將其放棄呢？設立了天子的高貴之位，也設立了三公（太師、太傅、太保）的權貴之位，雖然手中持著美麗的拱璧，坐四馬拉的車而先行，表現得雍容華貴，但是還不如修道。古往今來為什麼重視修道呢？人們會不約而同的講：求自己一生中最終的結果，人生中有了貪欲、罪過的惡果，在修道的過程中可以去除、改變；在捨得的規律中平衡啊！所以修道是天下間最可貴的。

1. 道者，萬物之奧。善人之寶，不善人之所保。

【譯文】道這個東西，蘊含著萬物的奧妙。它是合於道修行人的珍寶；不合於道的人，則求它佑護。

【解析】對於世人，道是神祕的。道形成的很多現象人們難以解釋，超出於普遍認知的範圍，產生著神奇的作用。由此，修道者探索、專研著道的本質，發現道蘊含著宇宙萬物的奧妙，並化生著萬物，是生生不息且無窮無盡的。人若與其相合，即可與天地同在，也就是所謂的長生不老；即可進入宇宙無窮盡的多維空間，也即得道成仙。所以，修道者視道為無上的法寶，並應用其本質特性修行自己，以期達到最終目的。

道是神奇的，自古以來，修道者依其本質特性修行，據說很多人都成功了，有些修道者在傳說中轉化成了無所不能的神仙。道是無所不有，無所不在的，正因為它什麼都有，所以不修道的一些人則頂禮膜拜修道而成的神仙，盼望給予其所求、滿足其心願。

2. 美言可以市尊，美行可以加人。人之不善，何棄之有？

【譯文】美好的語言可以得到人們的尊敬，美好的行為可以加持自己，提高素養。對於不合於道做事的人，何必將其放棄呢？

【解析】道是化生萬物的根源，所以它包含且承載著萬物，並不丟棄任何所有；人也是道的產物，道也不會丟棄任何人，所以真正探索道並誠心修道的人，是具備基本條件的。道不拋棄任何人，但是也不會主動給予任何人直接的度化。道是無為的，有為就不是道了，況且道也是沒有分別心的。

有緣分的人，明白道的奧祕後會主動求道；沒緣分的人，遇道也不修道。所以說道不棄人、人自棄。也就產生了所謂的：上士聞道勤而行之，中士聞道若存若亡，下士聞道大笑之。

3. 故立天子，置三公，雖有拱璧以先駟馬[1]，不如坐進此道。

【譯文】設立了天子的高貴之位，也設立了三公（太師、太傅、太保）的權貴之位，雖然手中持著美麗的拱璧，坐四馬拉的車而先行，表現得雍容華貴，但是還不如修道。

【解析】世間的榮華富貴雖然好，但是一切都是無常的、短暫的。過完了這世，下一世怎麼辦？放眼觀察，只有「無」才是永久的。有形的物質都有其最終，而道的本質是無的，同時又是無所不有的，這正是我們要達到的目的：可以依附道的本源，無窮無盡的長久，又可以隨時化生自我，進入包括現實社會的宇宙各個空間。所以，道家說修成了可以散者為風，為無；聚者成形，為有。這也正是道的本性應用。

4. 古之所以貴此道者何？不曰：求以得，有罪以免邪！故為天下貴。

【譯文】古往今來為什麼重視修道呢？人們會不約而同的講：求自己一生中最終的結果，人生中有了貪欲、罪過的惡果，在修道的過程中可以去除、改變；在捨得的規律中平衡啊！所以修道是天下間最可貴的。

(1)駟馬：四馬拉的車

【解析】自古以來，很多人重視修道，修道的過程中，會產生事物資訊的回饋，以至於平衡以前的過失，甚至是罪惡。常言講：「善有善報，惡有惡報，不是不報，時候沒到。」修道人在不斷地求得與道相合，這時的身體是最敏感的，因為修行要進步，能量就會催動以前的惡因資訊快速產生果報反應，報過後也就進入更深層次了。在這種情況下，原本要積累成大的惡果能量才會在身體中爆發，在修道能量的催動下，快速反應，就由原來可能積累起來出現大災難的果報，變成了小報應，或幾個小報應。但是報應的總量是不會改變的，因為天道是平衡的，沒有親疏、遠近的。所以，在修道的過程中，出現了一些不良的事情或身體中的疾病反應，反而是好的，禍兮福之所伏，反應過去了，好的就會來到了。從某個宗教來講，現在的、以前的，乃至很早以前種下的因，都會在修道中呈現果報，當所有的報應都過去了，也就沒有不良資訊可以束縛自己，元神就輕鬆解脫了。

運用法門

本章闡述了修道的重要性，不論達官貴族，還是皇親國戚，乃至於皇帝本人，在世間看來，都是過眼雲煙，轉瞬即逝。只有道才是長久的，修道才會解決人生的根本問題，也就是所謂的了脫生死。

第六十三章

為無為；事無事；味無味。大小多少，報怨以德。圖難於其易，為大於其細。天下難事，必作於易，天下大事，必作於細。是以聖人終不為大，故能成其大。夫輕諾必寡信，多易必多難。是以聖人猶難之，故終無難矣。

以秉著道法自然、不強為的準則做事情；以不挑起事端的方法去做事情；以清靜的、平和的，不會產生貪妄之心的無味境界做品味。大由小而起，多由少而來，用合於道的方法來對待冤仇的事情。想要解決困難的事情，要從最容易的地方入手。想有大作為、做大事情，要從最細微處入手。天下間的困難事情，必須從最容易的地方入手；天下間的大事，必須從最細微處入手。所以聖人始終不從大處入手，所以能做成大事。輕易的許諾必然面臨著寡信，把事情看得簡單、容易，其後必然面臨著很多困難。所以聖人著重把困難擺出來，看得明白才會去做，這樣最終就沒有困難了。

1. 為無為；事無事；味無味。大小多少，報怨以德。

【譯文】以秉著道法自然、不強為的準則做事情；以不挑起事端的方法去做事情；以清靜的、平和的，不會產生貪妄之心的無味境界做品味。大由小而起，多由少而來，用合於道的方法來對待冤仇的事情。

【解析】順應天道自然規律，以符合於道的本質，無為地去做事情，也就是把「有事情」處理為合於道的「無事情」，合於道的作為是清靜平和的，沒有自私的貪欲。順合於道的做事也是不能貪多、貪大的，要一點點的，由少積累成多。做事過程中，如果出現了怨仇，也要以合於道的方法對待，就是把有事化為無事，有形化為無形，不要以有對有，以怨抱怨，如果以有化有，冤冤相報則沒有盡頭。

2. 圖難於其易，為大於其細。天下難事，必作於易，天下大事，必作於細。是以聖人終不為大，故能成其大。

【譯文】想要解決困難的事情，要從最容易的地方入手。想有大作為、做大事情，要從最細微處入手。天下間的困難事情，必須從最容易的地方入手；天下間的大事，必須從最細微處入手。所以聖人始終不從大處入手，所以能做成大事。

【解析】陰陽是相對的，捨得是平衡的。要成其大事，就要從小事、從細緻處入手；再難的事情也有簡單的一面，所以作難事也要從簡單處入手。聖人始終都是這麼做的，所以就能做成大事。

3. 夫輕諾必寡信，多易必多難。是以聖人猶難之，故終無難矣。

【譯文】輕易的許諾必然面臨著寡信，把事情看得簡單、容易，其後必然面臨著很多困難。所以聖人著重把困難擺出來，看得明白才會去做，這樣最終就沒有困難了。

【解析】隨意而不加思考講的話是很難兌現的，最後會損失信用；一切事物都有其前因後果的，把事情看得太簡單，最後就面臨著很多連鎖的困難反應，以至於辦不成事情。聖人就是把這些事情都考慮在內，不隨意承諾，把事情的各方面都看得很清楚，對應困難的方法也準備好，這樣最終就可以成功了。

運用法門

本章講述的是運用道的法則、做事的方法。合於道做事情就會比較圓滿，不會留有多餘的尾巴；不合於道做事，往往出現連帶的不良後果，這就需要不斷地去處理，那不是做事的好方法。做事不要貪多，要從小從細做起，積少成多，出現了冤仇也要以合於道的法門化解，把困難想到前面，但是卻要從最簡單處入手做。

不要隨意許諾，不要把事情看得簡單、容易。世上有很多人隨口應諾事情，但是往往又不去認真的給予辦理，以至於耽誤了人家，不僅失信於人，而且有的還結成了冤仇，給自己留下了惡因。形成了這樣習慣性的壞毛病是極其不好的，會影響各方面，以至於人生最後一事無成；即使偶爾僥倖成功了，也會由於習慣性的許諾，以致失信，形成事物及其資訊的回饋，還會垮台失敗的。所以，如果許諾了，不論付出多大代價，也要實現自己的諾言，只有這樣才會有自然規律的好回報，最後才可以圓滿的做好各方面的事情。

第六十四章

其安易持，其未兆易謀；其脆易泮（ㄆㄢˋ），其微易散。為之於未有，治之於未亂。合抱之木，生於毫末；九層之台，起於壘土；千里之行，始於足下。為者敗之，執者失之。是以聖人無為，故無敗；無執，故無失。民之從事，常於幾成而敗之。慎終如始，則無敗事。是以聖人欲不欲，不貴難得之貨；學不學，復眾人之所過，以輔萬物之自然而不敢為。

形勢安定之時，容易把持；沒有出現徵兆的時候，容易圖謀。脆的東西容易碎裂，細小的東西容易分散。在事物沒有出現變化徵兆的時候，就要維護好；在事物沒有出現亂象之前，就要治理好。可以雙臂環抱的大樹，剛萌芽時，卻細微的如同毫毛的末端；九層的高台，從一點點壘土開始；千里的遠行，要從腳下邁出的第一步開始。強行改變事物的人，就會失敗；強行執著於事物的人，就會遭受損失。所以聖人不會強行改變事物，就不會失敗；不會強行執著於事物，就不會遭受損失。民眾做事情，經常是做到了很多，但沒等堅持到成功，就又放棄了。如果在最後，快要做成功時，也謹慎的如同剛開始那樣，堅持努力、不放棄，就不會失敗了。所以聖人做別人所不要做的事情，不認為難得的物品珍貴，學別人所不學的東西，引導糾正眾人所犯的過失，並輔助、引導眾人順應自然規律做事情，而不強為。

1. 其安易持，其未兆易謀；其脆易泮[1]，其微易散。

【譯文】形勢安定之時，容易把持；沒有出現徵兆的時候，容易圖謀。脆的東西容易碎裂，細小的東西容易分散。

(1)泮：碎裂。

【解析】事物在陰陽平衡的時候，是比較好掌握的。當陰陽不能正常相持時，就好比東西的質地變脆容易出現裂痕，或者事物變得微散而不容易相合。這時，事物的性質就已經開始出現了反應，進入變化的慣性狀態。

2. 為之於未有，治之於未亂。

【譯文】在事物沒有出現變化徵兆的時候，就要維護好；在事物沒有出現亂象之前，就要治理好。

【解析】所以，在事物的性質沒有出現變化之前，就要維護好原有的基礎，並且尋找易變的因素，消除隱患，防患於未然。

3. 合抱之木，生於毫末[1]；九層之台，起於壘土；千里之行，始於足下。

【譯文】可以雙臂環抱的大樹，剛萌芽時，卻細微的如同毫毛的末端；九層的高台，從一點點壘土開始；千里的遠行，要從腳下邁出的第一步開始。

(1)毫末：毫毛末端。

【解析】一切事物都是由小開始的，所以要重視小的因素。小的惡要除，小的善也要行，積少成多就會成就大的事情。古賢人的哲理「勿以惡小而為之，勿以善小而不為」，就是我們學習的榜樣。

4. 為者敗之，執者失之。是以聖人無為，故無敗；無執，故無失。

【譯文】強行改變事物的人，就會失敗；強行執著於事物的人，就會遭受損失。所以聖人不會強行改變事物，就不會失敗；不會強行執著於事物，就不會遭受損失。

【解析】雖然努力精進做事情是好的，但是做事情的時候，始終要注意是否對事物進行了強行改變，也即強為。強為是不符合天道的，只有順應自然規律，在維護和引導下產生變化，才是自然的，其結果一定是吉祥的。反之，強為則可能建立了惡果。所以，聖人不強為，就沒有失敗，不執著於己見，就不會遭受損失。

5. 民之從事，常於幾成而敗之。慎終如始，則無敗事。

【譯文】民眾做事情，經常是做到了很多，但沒等堅持到成功，就又放棄了。如果在最後，快要做成功時，也謹慎的如同剛開始那樣，堅持努力、不放棄，就不會失敗了。

【解析】符合於天道的堅持是好的，是可以成功的。不符合於天道的堅持就是強為，最後一定是失敗的。如果看不到自然規律的大局，常常做事情快要成功了，稍一閃失，違背了規律，就可能失敗了。持之以恆的順應著事物的規律進行到底，就不會失敗。

6. 是以聖人欲不欲，不貴難得之貨；學不學，復眾人之所過，以輔萬物之自然而不敢為。

【譯文】所以聖人做別人所不要做的事情，不認為難得的物品珍貴，學別人所不學的東西，引導糾正眾人所犯的過失，並輔助、引導眾人順應自然規律做事情，而不強為。

【解析】聖人能看到大局，別人放棄的，不要做的事情，聖人卻可以做成功。他並不認為某個事情難做，致使其珍貴萬分。看不清事物自然規律的人，就不會學習到全面的知識；而聖人則看得清楚事物的規律，別人放棄不學的，他反而學習並掌握，這樣可以補充、輔助別人順應規律做事情，並防止不懂事物規律的人強為，而出現惡果。

運用法門

本章講述的是修道人在世間的應用法門，做事情要符合自然規律，從小處做起，並持之以恆，最後可以成功。做事情的時機要選擇得當，如果需要安定，就要時刻夯實自己的基礎，並尋找易變的因素，及時治理。如果需要變化，就需要選擇「其脆易泮，其微易散」的時機，順應自然規律並持之以恆，就可以成功。

另外，修道人的眼光要長遠，多留意自然規律的運化，並學習、應用與掌握，以輔助大眾，建立更加和諧幸福的社會。

第六十五章

古之善為道者，非以明民，將以愚之。民之難治，以其智多。故以智治國，國之賊；不以智治國，國之福。知此兩者亦稽式。常知稽式，是謂玄德。玄德深矣，遠矣，與物反矣，然後乃至大順。

古時候善於順合於天道治理國家的人，不會教民眾使用伎巧，因為這樣會產生爾虞我詐，而是將民眾引導至敦厚、淳樸的自然本性。民眾之所以難於管理，是因為其伎巧太多。所以如果以伎巧治理國家，民眾也會效仿，以伎巧應對，治理者就是國家的罪人；不以伎巧治理國家，就是國家的福氣。要知道是伎巧治國還是非伎巧治國，就是經常檢查社會情況。常常檢查社會情況，就是符合於天道自然規律的方法。天道自然規律的運化很深、很遠，是無形的、無窮盡的，與有形之物相反啊，但是這種方法應用後可以使世間產生大順。

1. 古之善為道者，非以明民，將以愚之。

【譯文】古時候善於順合於天道治理國家的人，不會教以民眾使用伎巧，因為這樣會產生爾虞我詐，而是將民眾引導回歸至敦厚、淳樸的自然本性。

【解析】順天道治理國家的人，是將純樸的思想帶給民眾，使民眾不產生欺詐、自私、貪婪及其他不良惡習。他不會以自我的貪欲治國，不欺詐與強行管理民眾，因為他懂得天道的因果與捨得平衡的規律。如果以不當方法管理民眾，民眾也會以同樣方法回應。

2. 民之難治，以其智⑴多。故以智治國，國之賊；不以智治國，國之福。知此兩者亦稽⑵式。

【譯文】民眾之所以難於管理，是因為其伎巧太多。所以如果以伎巧治理國家，民眾也會效仿，以伎巧應對，治理者就是國家的罪人；不以伎巧治理國家，就是國家的福氣。要知道是伎巧治國還是非伎巧治國，就是經常檢查社會情況。

⑴智：伎巧。
⑵稽：檢查。

【解析】社會大眾的思想是多種多樣的，其伎巧方法越多，就越難於管理，如果管理者也用伎巧管理民眾，就會引發效仿，伎巧氾濫，欺詐、騙術橫行，社會陷入混亂。如果管理者不使用伎巧治理國家，就不會引發民眾中形成伎巧的風氣，這樣就會把民眾引入了淳樸自然的本性之中。偶有伎巧詐騙，民眾不僅不會買帳，還會視之為異類而同聲喊打，使其沒有生存的土壤。這樣的社會安定團結、祥和自然。檢查社會是否混亂，就可以知道當政者是否使用了伎巧方法治國。

3. 常知稽式，是謂玄德。玄德深矣，遠矣，與物反矣，然後乃至大順。

【譯文】常常檢查社會情況，就是符合於天道自然規律的方法。天道自然規律的運化很深、很遠，是無形的、無窮盡的，與有形之物相反啊，但是這種方法應用後可以使世間產生大順。

【解析】經常檢查社會情況，並時常反省改進，這就是管理社會的好方法。符合規律的方法是深遠而無窮的，他引導民眾回歸於事物的本源，使民風淳樸自然，是無為而治的，是與有形的、有為的治理方法相反的，這樣會使社會產生大順。

運用法門

本章講述的是治理國家的方法，不能以欺詐等伎巧治理天下，如果那麼做，民眾會效仿，以至於欺詐、騙術橫行。以淳樸的本性，非伎巧的行為，符合於自然規律的方法，將民眾引入淳樸自然之中，是最有利於社會的，會使社會產生大順。

第六十六章

江海之所以能為百谷王者，以其善下之，故能為百谷王。是以欲上民，必以言下之；欲先民，必以身後之。是以聖人處上而民不重，處前而民不害。是以天下樂推而不厭。以其不爭，故天下莫能與之爭。

江海之所以能成為承載大川河流彙聚的王者，是因為它善於順應天道自然，處於低下之位，故能成為百谷的王者。所以，要想成為民眾的王者，必須謙虛謹慎、虛懷若谷，處於民眾之下；要想帶領民眾，必須把自己的切身利益置於民眾的後面。所以，聖人的地位處於民眾之上，而民眾並不感到沉重；聖人處於民眾之前，而民眾也並不感到受損害。所以天下的民眾願意擁戴他為王者，而並不會厭煩。因為他不與民眾相爭，所以天下沒有人能和他相爭。

1. 江海之所以能為百谷[1]王者，以其善下之，故能為百谷王。

【譯文】江海之所以能成為承載大川河流彙聚的王者，是因為它善於順應天道自然，處於低下之位，故能成為百谷的王者。

【解析】道是承載萬物的，只有處之於萬物之下才可以承載，越處於下承載的就越多。道是無所不有、無所不在的，它包容了萬物，又處於萬物的最下面，所以它就是萬物的彙聚地，是萬物的王者。在現世間，江海為百谷之王的情景，與道的狀態是類似的，可以比喻為道的表現之一。

2. 是以欲上民，必以言下之；欲先民，必以身後之。

【譯文】所以，要想成為民眾的王者，必須謙虛謹慎、虛懷若谷，處於民眾之下；要想帶領民眾，必須把自己的切身利益置於民眾的後面。

【解析】道的規律是無所不有、無所不在的，我們可以把它運用在社會之中。所以，想要成為王者，領導天下民眾，必須謙虛謹慎、虛懷若谷，處於下方為民眾服務，把自己的切身利益置於民眾的後面。

3. 是以聖人處上而民不重，處前而民不害。

【譯文】所以，聖人的地位處於民眾之上，而民眾並不感到沉重；聖人處於民眾之前，而民眾也並不感到受損害。

(1)百谷：眾谷之水

【解析】有道的聖人就會處於民眾的下方，把自己的利益至於後面。所以，雖然聖人在社會上具有很高的地位，或者是處於民眾之上的王者之位，但是民眾沒有感到沉重，也沒有感覺利益受損。

4.是以天下樂推而不厭。以其不爭，故天下莫能與之爭。

【譯文】所以天下的民眾願意擁戴他為王者，而並不會厭煩。因為他不與民眾相爭，所以天下沒有人能和他相爭。

【解析】在這種對民眾而言只有好處沒有壞處的情況下，民眾當然擁護愛戴他。所以，正是因為他專心處於下為民眾服務，把自己的利益置於後面，不去為了王位而爭王位，因此天下沒有人能爭得過他。

運用法門

本章講述的是修道者循天道行世間法的方法。要有道的包容承載萬物狀態，做事情不要自私自利，不要把自我擺在別人的前面，要為他人著想，要有承載大眾的修為。這樣就會獲得別人的尊重與擁護，最後會成就自己的目標。也就是第七章中講的「後其身而身先，外其身而身存」。

第六十七章

天下皆謂我道大，似不肖。夫唯大，故似不肖。若肖，久矣其細也夫！我有三寶，持而保之。一曰慈，二曰儉，三曰不敢為天下先。慈故能勇；儉故能廣；不敢為天下先，故能成器長。今捨慈且勇，捨儉且廣，捨後且先，死矣。夫慈，以戰則勝，以守則固。天將救之，以慈衛之。

天下的人都說我講的道很大，似乎不具體、不詳細。正是因為大，所以似乎不具體、不詳細。如果具體詳細，在很早之前就破碎不堪了，也就不是道了！我有三個法寶，持著於它並保全它。一是慈愛，二是勤儉，三是不敢處在天下人的最前面。為了守護慈愛，所以可以勇敢的面對困難、解決困難；勤儉就會有所積累，把積累拿出來，可以讓更多人受益，就會得到眾人的支持；不走到天下人的前面，就是將自己的利益置於後面，讓利於大眾，這樣反而得到大眾的信賴，受到擁戴。如果現在棄掉慈愛勇敢做事，棄掉勤儉極力奉獻，不把自我的利益置於後面，而首先為自我的貪欲私利去行動，這樣就會走入死路了。只有慈愛，才可以戰勝困難，自我保護也會很牢固。因為捨得平衡的規律，奉獻了慈愛，必然就會有所回報，所以天道自然規律都會幫助慈愛之人，自然規律也將會以慈愛奉獻來護衛他。

1. 天下皆謂我道大，似不肖[1]。夫唯大，故似不肖。若肖，久矣其細也夫！

【譯文】天下的人都說我講的道很大，似乎不具體、不詳細。正是因為大，所以似乎不具體、不詳細。如果具體詳細，在很早之前就破碎不堪了，也就不是道了！

【解析】道是其大無外，而又其小無內的，它由內到外、由小到大都是連續不斷的，是不可分割的。所以，有人認為道似乎不具體，但是如果將其分割開，它也就不是道了，破碎不堪了。

(1)肖：具體、詳細。

2. 我有三寶，持而保之。一曰慈，二曰儉，三曰不敢為天下先。慈故能勇；儉故能廣；不敢為天下先，故能成器長[1]。

【譯文】我有三個法寶，持著於它並保全它。一是慈愛，二是勤儉，三是不敢處在天下人的最前面。為了守護慈愛，所以可以勇敢的面對困難、解決困難；勤儉就會有所積累，把積累拿出來，可以讓更多人受益，就會得到眾人的支持；不走到天下人的前面，就是將自己的利益置於後面，讓利於大眾，這樣反而得到大眾的信賴，受到擁戴。

(1)器長：成就大事。

【解析】道是連綿不斷的，不可分割的，一時也不知道怎樣才可以應用在事物上。但是有三個法寶，如果能常常準備著，並應用起來，就可以符合於道的自然規律，以符合於自然規律的方法做事情，那麼將無往而不利。這三個法寶就是慈、儉和不敢為天下先。慈、儉、不敢為天下先，與勇、廣、器長是對應的，它們互為陰陽。如果以慈、儉、不敢為天下先作為行為方式，那麼就會獲得勇、廣、器長的結果，這是符合於道的自然規律的。第三十六章中「將欲取之，必故與之」講的也是同一個道理。

3. 今捨慈且勇，捨儉且廣，捨後且先，死矣。

【譯文】如果現在棄掉慈愛勇敢做事，棄掉勤儉極力奉獻，不把自我的利益置於後面，而首先為自我的貪欲私利去行動，這樣就會走入死路了。

【解析】如果捨棄慈、儉、不敢為天下先的行為方式，那麼將會怎麼樣呢？不是為了慈愛，而勇猛的做事情，基本上都是為了自我私利的；為了自私貪婪的欲望，而去極力獲得，會物極必反，不符合於道的規律，最後會出現惡果。不節儉也可以說是不量力而行就廣為付出，長此以往會損耗自己的本源，這樣做得太過了，不符合道的規律，最後也會出現惡果；同時，不節儉也含有不收斂自我的貪欲、任其發展的意味，貪欲多了也會損失本源，不符合道的規律，同樣會形成惡果。而為了自我貪得，跑到眾人的前面去搶奪利益，這是每個人都厭惡的，最後就是被眾人所拋棄，這一點更加不符合道的規律。

捨慈且勇，捨儉且廣，捨後且先的最終結果，就是走入死路。

4. 夫慈，以戰則勝，以守則固。天將救之，以慈衛之。

【譯文】只有慈愛，才可以戰勝困難，自我保護也會很牢固。因為捨得平衡的規律，奉獻了慈愛，必然就會有所回報，所以天道自然規律都會幫助慈愛之人，自然規律也將會以慈愛奉獻來護衛他。

【解析】只有真正的慈愛，也就是捨，才是符合於道的最基本規律。所以，只要慈愛，天道也會以慈愛庇護他，就可以戰勝困難，獲得勝利。

運用法門

本章講述的是：道是無窮盡大的，是連綿不斷的整體，沒有可以割裂的具體事物以示眾人。所以，只有秉著符合於道的規律做事的原則，才可以順天則昌，做事情成功。

本章之中以慈、儉、不敢為天下先，作為符合於道的方法，這樣做就會獲得勇敢的解決問題、戰勝困難，並得到眾人的大力支持和信賴，可成就其大事業。如果捨慈且勇，捨儉且廣，捨後且先，就是不符合於道，最後會走入死路。

第六十八章

善為士者，不武；善戰者，不怒；善勝敵者不與；善用人者，為之下。是謂不爭之德，是謂用人之力，是謂配天古之極。

合於道的統兵打仗者，不強行使用武力；合於道的戰鬥者，自我的情緒不會受到影響而惱怒；合於道的勝敵者，是不會把自己放置前線與強敵極力拼搏的；合於道的用人者，要有謙虛、包容的胸懷，把自己置於低處承載於人。這就是不與人相爭、合於道的方法，是根據對方的變化而變化的，是符合深遠的天道自然規律的最好方法。

1. 善[1]為士[2]者，不武；善戰者，不怒；善勝敵者不與[3]；善用人者，為之下。

(1)善：意識中，具有主觀能動性、順合於天道做事情的思想行爲。
(2)士：古代社會中的一個階層，爲統治階級的一部分，以戰爭爲主要職業。
(3)不與：不把自己放置前線與強敵拼搏。

【譯文】合於道的統兵打仗者，不強行使用武力；合於道的戰鬥者，自我的情緒不會受到影響而惱怒；合於道的勝敵者，是不會把自己放置前線與強敵極力拼搏的；合於道的用人者，要有謙虛、包容的胸懷，把自己置於低處承載於人。

【解析】道的化生規律是「天下萬物生於有，而有生於無」。所以，無是有之母，陰為陽之根，勝動必須守靜，取上必須處下。靜、下的狀態合於道的虛無本質，在這個狀態中，可以化生無窮盡的「有」，針對對方事物的變化，因此就會達到理想的結果。

2. 是謂不爭之德，是謂用人之力，是謂配天古[1]之極。

(1)天古：深遠的天道自然規律。

【譯文】這就是不與人相爭、合於道的方法，是根據對方的變化而變化，是符合深遠的天道自然規律的最好方法。

【解析】這就是不與人相爭而達到結果的方法，是根據對方的情況而變化的方法，是應用道的規律戰勝對方的最好武器。

運用法門

本章講述了運用道的特性規律獲取勝利的方法。處於下則可取上，處於靜則可勝動，不以有為法與人強爭，最後會獲得勝利。

第六十九章

用兵有言：「吾不敢為主而為客，不敢進寸而退尺。」是謂行無行，攘無臂，扔無敵，執無兵。禍莫大於輕敵，輕敵幾喪吾寶。故抗兵相若，哀者勝矣。

指揮軍隊的人講：「我不敢主動挑起軍事爭端，寧願隨著對方的變化而隨機變化，不敢貿然前進一寸，寧願退一尺給自己留有更多的餘地。」這就是運用沒有行跡的方法，不給對方留有蹤影。雖然指揮軍隊，但是卻不讓對方看到揮舞的手臂。雖然要打擊敵人，但卻以寬廣的目光著眼於全域，不是只看著眼前的敵人。雖然執掌著軍隊，但卻要運籌帷幄，不向對方示以兵力，不能只想以單一的戰鬥解決問題。出現禍事最大的根源是輕敵，輕敵就可能損失自己最珍貴的東西。所以兩軍對抗，軍力相近之時，謙虛、謹慎、不驕傲者會勝利。

1. 用兵有言：「吾不敢為主而為客，不敢進寸而退尺。」

【譯文】指揮軍隊的人講：「我不敢主動挑起軍事爭端，寧願隨著對方的變化而隨機變化，不敢貿然前進一寸，寧願退一尺給自己留有更多的餘地。」

【解析】自己處於靜態，隨著對方的變化而變化，寧願離的遠點，更清晰的觀察對方，給自己留下餘地，這是符合於道的運用。

2. 是謂行無行，攘無臂，扔無敵，執無兵。

【譯文】這就是運用沒有行跡的方法，不給對方留有蹤影。雖然指揮軍隊，但是卻不讓對方看到揮舞的手臂。雖然要打擊敵人，但卻以寬廣的目光著眼於全域，不是只看著眼前的敵人。雖然執掌著軍隊，但是卻要運籌帷幄，不向對方示以兵力，不能只想以單一的戰鬥解決問題。

【解析】合於道的方法是無痕的，也就是「善行無轍跡」，對方以「有為法」是不能映照出來道的虛無本性的，所以也找不到可以攻擊的地方。因此，合於道的方法可以立於不敗之地。

3. 禍莫大於輕敵，輕敵幾喪吾寶。故抗兵相若，哀者勝矣。

【譯文】出現禍事最大的根源是輕敵，輕敵就可能損失自己最珍貴的東西。所以兩軍對抗，軍力相近之時，謙虛、謹慎、不驕傲者會勝利。

【解析】輕敵，就會以有為法表現，輕敵也就會逞強；外表如果逞強，內在必然空虛，所以失敗也就是理所應當的。如果損失了自己的本源，就很難有翻身的希望了。所以，兩軍實力相近的時候，以謙虛、謹慎、不驕傲、順合於道的狀態，最終就會勝利。

運用法門

本章講述運用道的規律戰勝敵人的方法。要把自己化於無形，讓對方無懈可擊，不輕敵，不驕傲，謙虛謹慎，以順合於道的自然規律，最後就會勝利。同比，把這一方法應用在現世間的非軍事事物上，亦會起著相同的效果。

第七十章

吾言甚易知，甚易行。天下莫能知，莫能行。言有宗，事有君。夫唯無知，是以不我知。知我者稀，則我者貴。是以聖人被褐而懷玉。

我講的話很容易明白，也很容易實行。但天下人不能知道，也不能夠實行。我說的話是先人傳下來的經驗，做的事情也是有依據的。就是因為人們不明白我的語言和行為，所以也就不能理解我。明白我的人很少，能跟我學習的就更少。這是因為聖人外表衣著樸素，然而，聖人卻具有像美玉一樣的內質。

1. 吾言甚易知，甚易行。天下莫能知，莫能行。

【譯文】我講的話很容易明白，也很容易實行。但天下人不能知道，也不能夠實行。

【解析】大道至簡，寬闊且平坦，所以很容易讓人明白，也很容易去修行。但是世人們卻並不想知道，不想弄明白道，所以也不能夠去真正實行。為什麼世俗人不想瞭解道呢？因為下士聞道會大笑之，他從表象得知修道的人很傻，不會投機取巧的鑽營，卻把利益讓給別人，把自己置於別人的後面。這麼傻的事情，他怎麼可能會去學習呢？

2. 言有宗[1]，事有君[2]。夫唯無知，是以不我知。

【譯文】我說的話是先人傳下來的經驗，做的事情也是有依據的。就是因為人們不明白我的語言和行為，所以也就不能理解我。

【解析】正是因為他沒有深入的瞭解，所以也不會知道修道的真正好處，也不會知道先人傳下來的經驗和依據。他看不到大局，不知道「外其身而身存，後其身而身先」的結果，所以只著眼於蠅頭小利，不知道後面的合於道的、無窮無盡的天大好處，所以他不能理解修道者。按此來講，也只能說他天賦有限，但社會上此類人確實居多。

3. 知我者稀，則我者貴。是以聖人被褐[1]而懷玉。

(1)宗：先人的經驗。
(2)君：依據。

【譯文】明白我的人很少，能跟我學習的就更少。這是因為聖人外表衣著樸素，然而，聖人卻具有像美玉一樣的內質。

(1)被褐：形容外表衣著樸素，褐為粗布。

【解析】因此，明白道的人很少，能修道的就更少。真正的有道者，有著掌握天地自然運化，循天機而起、改天機而行的玄妙法寶，但是外表卻與普通人無異，生活簡單，衣著隨便；但是如果瞭解了他的內質，就知道與常人有著天壤之別。

運用法門

本章講述的是：修道的言語是很容易懂的，也容易實行的，但真正能修道的人卻很少，因為他們不知道修道後面的好處。也正因為不知道後面的好處，所以他們認為修道人很傻，甚至嘲笑修道者。所以，只有修行才可以知道古修道人講的語言是有經驗和依據的，才會明白修道是稀世珍寶，才會明白什麼是「大音希聲，大象無形，大器晚成」，只有修到後面才看到它的偉大。

第七十一章

知不知，上；不知知，病。夫唯病病，是以不病。聖人不病，以其病病，是以不病。

去探索、瞭解不知道的事情，是好的；不明白的事情卻自以為很懂，這是缺點。只有知道自己的缺點，而加以改正的人，就沒有缺點了。聖人沒有缺點，是因為當聖人知道了自己的缺點後，能夠立即改正，所以就沒有缺點了。

1. **知不知，上；不知知，病(1)。**

【譯文】去探索、瞭解不知道的事情，是好的；不明白的事情而卻自以為很懂，這是缺點。

【解析】有智慧的人，會主動的瞭解未知世界，進而啟迪自己，豐富、增加知識，達到更深一步的開悟；沒智慧的人，總是自以為是，沒經過探索和研究，僅靠自己的臆斷，就以為自己原本不知道的事情就是這樣的。這種做法，是極大的缺點。

2. **夫唯病病，是以不病。**

【譯文】只有知道自己的缺點，而加以改正的人，就沒有缺點了。

【解析】只有改正了這個缺點，認真的探索和研究，客觀地看待事物，才會瞭解事物的真實面目。這樣發現了自己的缺點，並且能及時改正的人，才會變得比較完美。

3. **聖人不病，以其病病，是以不病。**

【譯文】聖人沒有缺點，是因為當聖人知道了自己的缺點後，能夠立即改正，所以就沒有缺點了。

【解析】聖人就是發現了自己的缺點能及時改正的人，他把自己變的極其完美，更加獲得大眾的信賴與敬仰，是眾人學習的好榜樣。

運用法門

本章講述的是：人們發現錯誤就要及時改正，不要自以為是，只有改正缺點才可以客觀的看待事物，能夠改正缺點的人，才會變得比較完美。

(1)病：缺點。

第七十二章

民不畏威，則大威至。無狎其所居，無厭其所生。夫唯不厭，是以不厭。是以聖人自知不自見；自愛不自貴。故去彼取此。

當民眾不畏懼統治者的壓迫時，威脅統治階級的災禍就要來了。不要擠壓民眾的居所，不要壓制、阻斷民眾的生存之路。只有不欺壓民眾，民眾才不會推翻統治者。所以聖人有自知之明，不自以為是；自我愛惜，不自以為高貴。因此，要捨棄自見與自貴，取自知與自愛。

1. 民不畏威[1]，則大威[2]至。

【譯文】當民眾不畏懼統治者的壓迫時，威脅統治階級的災禍就要來了。

【解析】大自然之中，陰陽的規律是對立統一的，當陰或者陽的一方產生變化時，相對的一方也隨之變化。所以，以社會現象來看，哪裡有壓迫，哪裡就有反抗，壓迫得越重反抗就越厲害，當物極必反之時，統治階級就會被推翻了。

(1)威：壓迫。
(2)威：災禍。

2. 無狎[1]其所居，無厭其所生。夫唯不厭，是以不厭。

【譯文】不要擠壓民眾的居所，不要壓制、阻斷民眾的生存之路。只有不欺壓民眾，民眾才不會推翻統治者。

(1)狎：擠壓。

【解析】所以，不要欺壓民眾，讓民眾自由幸福的生活，欺壓民眾的後果就是給自己造成災難。

3. 是以聖人自知不自見；自愛不自貴。故去彼取此。

【譯文】所以聖人有自知之明，不自以為是；自我愛惜，不自以為高貴。因此，要捨棄自見與自貴，取自知與自愛。

【解析】有道的聖人治理國家，是給民眾以充分的自由，不強加自己的意志給民眾，不為了自己所謂的高貴而欺壓民眾，貪得利益。聖人能以長遠的眼光看待事物的全域，所以他能預見到事物的結果，他會愛惜自我，不會為了一時之私而損害自己的根基。

運用法門

本章講述的是：治理社會的王者不要認為自己高貴而欺壓民眾，不然會物極必反，給自己帶來災禍。要有自知之明，自己的地位既是民眾給的，也是民眾可以推翻的，所以，為了愛惜自我，也不要欺壓剝削民眾。有道的聖人就會自知自愛，管理國家則順應社會自然規律，給予百姓自由、安逸、幸福的生活。

第七十三章

勇於敢則殺，勇於不敢則活。此兩者，或利或害。天之所惡，孰知其故？天之道，不爭而善勝，不言而善應，不召而自來，繟然而善謀。天網恢恢，疏而不失。

勇於強行做事，往往會出現災難；勇於顯現柔弱，反而能夠生存。這兩種情況，有的得利，有的受到損害。天道所厭惡的，誰又能知道它的原因呢？天道自然的規律，是不爭而順應道則勝，不用言語而順應道自有應答，不用召喚而順應道自來。心中坦然無私，而順應道自有謀略。雖然看不到天道規律，就像很疏散的網一樣，但是卻不會漏掉任何事物。

1. 勇於敢則殺，勇於不敢則活。此兩者，或利或害。天之所惡，孰知其故？

【譯文】勇於強行做事，往往會出現災難；勇於顯現柔弱，反而能夠生存。這兩種情況，有的得利，有的受到損害。天道所厭惡的，誰又能知道它的原因呢？

【解析】不明白事物的規律，不知道事物的特性，就冒然按自己的主觀意識做事情，那麼很可能出現惡果，這屬於魯莽草率的行為。不瞭解事物的實質情況，不受其他因素的影響而不隨意作為，那麼他也是勇敢的。這兩種情況，有的冒險出現了災難，有的冒險成功了，有的由於沒有做而避免了災難，但卻失去了成功的機會。那麼天道規律的結果到底是怎麼樣的呢？

2. 天之道，不爭而善勝，不言而善應，不召而自來，繟然[1]而善謀。

【譯文】天道自然的規律，是不爭而順應道則勝，不用言語而順應道自有應答，不用召喚而順應道自來。心中坦然無私，而順應道自有謀略。

【解析】其實，不隨意強為者是對的，是符合自然規律的，以靜勝動，以無為勝有為。無為者看起來似乎是失去了這個機會，但是豈不知，相同的或者對等的機會還是會來的，該是你的還是你的；不是你的，冒險強求也難求到。而冒險卻有可能種下了另一個惡因；或許冒險勉強得到了，卻引發了另一個災禍。所以，順天道者以無為處之，維護和引導事物，而不強為獲取或改變事物，天道之中自然會有其必然的結果。

(1)繟然：坦然。

3. **天網恢恢，疏而不失。**

【譯文】雖然看不到天道規律，就像很疏散的網一樣，但是卻不會漏掉任何事物。

【解析】道的規律就像一張無形的網，看不到時以為什麼也沒有，但是天下間所有的事物、所有的因果，卻都逃不出這張無形的網。

運用法門

本章講述的是：要順應天道自然規律做事情，不要強行冒進，只要做事合於道，就會有好結果。不要刻意強求事物，一切事物都是天道規律的必然反應。宇宙中所有事物都會在天道規律裡體現出來，而不會漏失。

第七十四章

民不畏死，奈何以死懼之？若民常畏死，而為奇者，吾得執而殺之，孰敢？常有司殺者殺。夫代司殺者殺，是謂代大匠斫（ㄓㄨㄛˊ）。夫代大匠斫者，稀有不傷其手矣。

民眾已經不畏懼死亡了，怎麼還以死亡恐嚇他們呢？如果民眾經常畏懼死亡，對於那些異己者，我把他抓來殺掉，誰還敢不順從？天道規律是循環的，種什麼因就得什麼果，自然會有規律來懲罰犯錯的人。如果代替天道規律懲罰犯錯者，就好比不會木工的人代替高明的木匠砍木頭，代替高明的木匠的人，很少有不傷自己手的。

1. 民不畏死，奈何以死懼之？若民常畏死，而為奇者[1]，吾得執而煞之，孰敢？

【譯文】民眾已經不畏懼死亡了，怎麼還以死亡恐嚇他們呢？如果民眾經常畏懼死亡，對於那些異己者，我把他抓來殺掉，誰還敢不順從？

【解析】強為的治理社會，貪欲太重，欺壓的太嚴苛了，民眾無法生存，連死亡都威脅不了他們，他們也就不怕死了。既然不怕死了，就會起身造反，推翻舊政權以追求新的幸福生活。

但是如果民眾經常處於怕死的狀態，就可以把反對者抓來殺掉，強迫他們順從嗎？

(1)奇者：異己者。

2. 常有司煞[1]者煞。夫代司煞者煞，是謂代大匠斫[2]。夫代大匠斫者，稀有不傷其手矣。

【譯文】天道規律是循環的，種什麼因就得什麼果，自然會有規律來懲罰犯錯的人。如果代替天道規律懲罰犯錯者，就好比不會木工的人代替高明的木匠砍木頭，代替高明的木匠的人，很少有不傷自己手的。

【解析】不可以將反對自己的民眾抓來隨意殺掉，用以威脅、迫使他們順從。因為天道規律是捨得平衡的，種什麼因得什麼果。確實有人該死，自有天道規律的必然性來行使，以懲罰或直至其死亡；如果有人代替天道行使殺戮，就屬於越俎代庖，天道本來就沒有賦予殺人的職責，強行殺人，就會違背天道，遭受大報應。

(1)司煞：掌管給予災難。
(2)大匠斫：高明的木匠。

如果有人認為自己可以替天行道，做法是正確的，那麼你也沒有掌握天道懲罰的細節技術，因為你不是天道。這就好比普通不懂木工的人，來行使大木匠砍木頭的技術，很少有不會傷到手的。

運用法門

本章講述的是：過於欺壓民眾，民眾無以為生，就會不怕死亡的威脅而造反。如果對民眾進行殺戮，就會引發天道報應。天道自然規律是平衡的，不論誰行使了善惡，自會有天道規律給予不同的對待，人是不能代替天道的。強為的行使所謂替天行道，其結果就是自己引火焚身，會報應在自己身上。

綜上所述，本章是希望有道的統治者順應天道自然規律，不要壓迫民眾，給予其自由幸福的生活，百姓安居樂業就不會造反。統治者不能違背天道規律隨意殺戮民眾，因為他沒有替天行道的權利。

第七十五章

民之饑，以其上食稅之多，是以饑。民之難治，以其上之有為，是以難治。民之輕死，以其上求生之厚，是以輕死。夫唯無以生為者，是賢於貴生。

民眾出現了饑荒，是因為上層階級收的稅賦太多，所以鬧饑荒。民眾難於管理，是因為上層階級欺壓、苛刻，所以難於管理。民眾輕視死亡，是因為上層階級貪婪、剝削太多，所以輕視死亡。只有不貪婪不欺壓民眾的統治者，才是珍惜自己貴重生命的人。

1. 民之饑，以其上食稅之多，是以饑。民之難治，以其上之有為，是以難治。民之輕死，以其上求生之厚，是以輕死。

【譯文】民眾出現了饑荒，是因為上層階級收的稅賦太多，所以鬧饑荒。民眾難於管理，是因為上層階級欺壓、苛刻，所以難於管理。民眾輕視死亡，是因為上層階級貪婪、剝削太多，所以輕視死亡。

【解析】社會出現了混亂，百姓不能安定生活，其結果都是統治者沒能順應天道規律治理社會，自己貪婪的剝削，造成了百姓的饑荒與輕視死亡，並促使其與之對抗，甚至推翻他的統治，給他造成惡果，乃至失去生命。

2. 夫唯無以生為者，是賢[1]於貴生。

【譯文】只有不貪婪、不欺壓民眾的統治者，才是珍惜自己貴重生命的人。

【解析】如果要珍惜自己的一切（包括生命），就不要欺壓民眾，自己種下什麼因就會有什麼果報。所以，善待民眾，就獲得民眾的支持與擁護；欺壓民眾，就會獲得民眾的反對，乃至推翻他的政權，給他帶來災難。

(1)賢：珍惜。

運用法門

本章講述的是：社會產生的混亂，民眾輕視死亡，都是統治者貪婪剝削的結果，這結果的後面就是推翻統治者，給統治者帶來災難。如果統治者明白天道的自然規律，珍惜自己的一切，就要善待民眾，不欺壓剝削民眾，給予其安居樂業、自由幸福的生活。

第七十六章

人之生也柔弱，其死也堅強。草木之生也柔脆，其死也枯槁。故堅強者死之徒，柔弱者生之徒。是以兵強則滅，木強則折。強大處下，柔弱處上。

人活著的時候是柔軟的，死了就變得僵硬。草木生長的時候是柔和婉轉的，柔裡面含著脆的，死亡了也變得乾枯。所以強硬的是屬於死亡或走向死亡的一類，柔軟的、順應自然的是屬於能夠生存的一類。因此，軍隊逞強就會遭到滅亡，樹木長得很大後就會遭到砍伐。所以強大是處於下風、劣勢的，而柔軟自然則處於上風，是優勢的。

1. 人之生也柔弱，其死也堅強。草木之生也柔脆，其死也枯槁。故堅強者死之徒，柔弱者生之徒。

【譯文】人活著的時候是柔軟的，死了就變得僵硬。草木生長的時候是柔和婉轉的，柔裡面含著脆的，死亡了也變得乾枯。所以強硬的是屬於死亡或走向死亡的一類，柔軟的、順應自然的是屬於能夠生存的一類。

【解析】道是無窮無盡的，其大無外、其小無內。因為它是無形的，所以它又是柔和的，它柔和的以至於無形。所以，世間屬於柔和的一類事物是長久的，因為它符合於道的長久本質特性。

道是無形的，有形的乃至於堅強的一類事物，都不是道的本質表現。從第六十七章中「天下皆謂我道大，似不肖。夫唯大，故似不肖。若肖，久矣其細也夫！」可以看得出來，獨立存在的有形事物都不能表現道的本性。既然不是道的本性，那麼就是外部表象。「物壯則老，是謂不道，不道早已」，外部的表象事物會由強壯走向衰落，所以強壯的或者堅強的，都是屬於死亡的一類。

2. 是以兵強則滅，木強則折。強大處下，柔弱處上。

【譯文】因此，軍隊逞強就會遭到滅亡，樹木長得很大後就會遭到砍伐。所以強大是處於下風、劣勢的，而柔軟自然則處於上風，是優勢的。

【解析】逞強是屬於外部有形的，就會走向衰落，遭到滅亡。所以有形的所謂強大，其結果反而是不好的，落於下風；看似柔弱的、無形的，但卻可以立於不敗之地，最後會處於上風。

運用法門

本章講述的是：事物要合於道的本性，道的本性為無形，無所不有、無所不在，且永久的化生萬物。因此，符合於道的本性者則是長久的，這一類事物是柔弱的，以無為無形為其根基；相反，不符合於道的本性者，則是強壯的、堅硬的，這一類是屬於死亡或走向死亡之中的狀態。

綜上所述，我們反省自己在世間中的行為是怎麼樣的？如果以強壯、堅硬示人者，要改變自己的行為，做事才會長久；如果以柔和示人者，那麼就恭喜你已經合於天道，前景光明！

第七十七章

天之道，其猶張弓與？高者抑之，下者舉之；有餘者損之，不足者補之。天之道，損有餘而補不足。人之道則不然，損不足以奉有餘。孰能有餘以奉天下？唯有道者。是以聖人為而不恃，功成而不處，其不欲見賢。

天道自然的規律，不就是很像拉弓射箭嗎？弓拉的高了就向下降，弓拉得低了就向上升一下；也就是，拉得過頭了就要放鬆一些，拉得不足了就要補充一些。天道的規律，就是放下多餘的，補充不足的。而世俗之人則不會這麼做，他們損耗本來就已經不足的東西，而給予本來就已經很多的。誰能將有餘的奉獻給天下呢？只有順合於天道者。所以聖人維護事物而不把持事物，將事物做成功了，也不處在有功的位置，聖人是不想讓人們知道他的賢能的。

1. 天之道，其猶張弓與？高者抑之，下者舉之；有餘者損之，不足者補之。

【譯文】天道自然的規律，不就是很像拉弓射箭嗎？弓拉的高了就向下降，弓拉得低了就向上升一下；也就是，拉得過頭了就要放鬆一些，拉得不足了就要補充一些。

【解析】天道規律是平衡且自然的，捨多少，就會補回來多少。從某個角度來講，物質方面補回來的也可能會更多些，因為捨的時候不僅有物質方面的，而且還有善良的意識資訊方面，所以有時候也會由無形化有形補報回來，成為福德。

如果是修道人，就可能會獲得功德。假如由於你善良的行為，使更多人連帶受益，那麼補報回來的會更多；但前提是合於天道的捨，才會有合於天道的補報。如果貪得，占了別人多少便宜，天道規律就會讓占有者損失多少，也可能損失的還會更多，因為除了物質方面的貪得，還滿足了占有的欲望，所以才會損失的更多。如果由於貪得，給其他局外人也造成了損失，那麼同樣會算在貪得人的身上，損失巨大，可能就不只是一點點物質方面的損失，有的甚至會出現大災難，直至失掉性命。

2. 天之道，損有餘而補不足。人之道則不然，損不足以奉有餘。

【譯文】天道的規律，就是放下多餘的，補充不足的。而世俗之人則不會這麼做，他們損耗本來就已經不足的東西，而給予本來就已經很多的。

【解析】如果合於天道的捨，就會得到彌補不足之處的回報。比如說錢多身體不好，那麼就要知道停止，不要再貪得錢財了，捨去賺錢欲念，把機會留給別人，用多出來的時間休養調理身體，就會得到好的身體補報。

但世俗人卻經常按自己的主觀意願去做，使事物的結果相反。本來這個人錢多身體不好，但他為了賺到更多的錢財，繼續損耗身體，以至於累出大病，用多少錢也換不回來，賺多少錢也無福消受了。

3. 孰能有餘以奉天下？唯有道者。是以聖人為而不恃，功成而不處，其不欲見賢。

【譯文】誰能將有餘的奉獻給天下呢？只有順合於天道者。所以聖人維護事物而不把持事物，將事物做成功了，也不處在有功的位置，聖人是不想讓人們知道他的賢能的。

【解析】道是運化且包含著萬物的，修道人把自己豐厚的東西奉獻給天下，就會獲得與道合一的資訊能量，會獲得道的豐厚加持。修道人看透世間的無常，世間沒有長久的事物，所以並不把持占有事物，奉獻於天下也是修行法門。但是修道人並不會執著於這樣做，因為為了自己的目的這麼做，是違背於道的空無本性的，會由「德」降為「義」甚至於「禮」（請參考第三十八章）。所以聖人也只有在內心沒有所得的目的時才會那麼做，而不會執著於以捨換道；即使捨去心力幫助人做成了事情，也不能居功自傲，因為那樣會把將要獲得的天道補報對沖掉了，得不償失。還是不使人知道是自己幫助人為好。

運用法門

本章講述的是捨得的應用法門。人們要合於天道的捨，才會獲得最需要的東西。如果人們將自己本來很少的東西捨了去，而換得了自己本來就多的東西，就會弄巧成拙，是最不好的方法，甚至出現惡果。如果作為一個修道者，眼光更要開闊，捨的行為與方法應該更為合理。只有合於天道的捨，才會得到天道的加持。

第七十八章

天下莫柔弱於水，而攻堅強者莫之能勝，以其無以易之。弱之勝強，柔之勝剛；天下莫不知，莫能行。是以聖人云：「受國之垢，是謂社稷[1]主；受國不祥，是為天下王。」正言若反。

天下最柔弱的莫過於水，但世間最能戰勝強硬的東西也不能勝過它，因為沒有什麼可以改變它。軟弱的能勝過堅強的，柔和的能勝過剛硬的，天下人誰都知道，但沒有人真正能實行。所以聖人講：能承受全國的屈辱，才是天下的君主；能擔當全國的災難，才是天下的王者。正面講述的語言，往往結果卻是相反的。

1. 天下莫柔弱於水，而攻堅強者莫之能勝，以其無以易之。

【譯文】天下最柔弱的莫過於水，但世間最能戰勝強硬的東西也不能勝過它，因為沒有什麼可以改變它。

【解析】在世間有形物體中，水是最柔弱的，但是能戰勝世間最強物質的東西，反而戰勝不了水，因為水是順著其他物體的形態而改變的，並不能被抓到可攻擊的有形之處。反之，水會順著物體的形狀將其包圍淹滅，就如同現在的地球情形一樣。所以，最後的結果，水是勝利者，水才是真正的強者。

2. 弱之勝強，柔之勝剛；天下莫不知，莫能行。

【譯文】軟弱的能勝過堅強的，柔和的能勝過剛硬的，天下人誰都知道，但沒有人真正能實行。

【解析】地球被水統治的淺顯道理，基本上每個人都懂。所以「軟弱的能勝過堅強的，柔和的能勝過剛硬的」是有一定道理的。雖然人們都知道這個道理，但是很多人並不能真正的在世間應用這個理論。究其原因，就是人們一般都不喜歡軟弱的、處於下方的，而喜歡出風頭的、強硬的、光榮的。那麼出風頭、強硬的、光榮的對應面是什麼呢？就是低下的、軟弱的和屈辱的。

2. 是以聖人云：「受國之垢(1)，是謂社稷主；受國不祥(2)，是為天下王。」正言若反。

(1)垢：屈辱。
(2)不祥：災難。

【譯文】所以聖人講：能承受全國的屈辱，才是天下的君主；能擔當全國的災難，才是天下的王者。正面講述的語言，往往結果卻是相反的。

【解析】有道的聖人傳給人們的經驗就是：有大捨才會有大得，有大的付出才有大的回報。所以，能低下的承受全國的屈辱和災難，才是天下的王者。因此，柔弱反而是獲得強大的最好方法。

運用法門

本章講述的是以柔弱勝剛強的道理，並以水進行了比喻。水的狀態是最軟弱的，以至於軟弱到沒有可以被世間最強物質攻擊的地方。所以，水是不可戰勝的，它柔弱得極其強大；水又是可以包容承載萬物的，正因為它可以包容承載萬物，所以它又是萬物的王者。

希望修道者根據柔弱的特性，能在世間充分體會並運用這一方法，它會承載著你行使世間法，達到你的目的。

第七十九章

和大怨，必有餘怨；報怨以德，安可以為善？是以聖人執左契，而不責於人。有德司契，無德司徹。天道無親，常與善人。

平息、和解了大的冤仇，必然還有餘下的怨氣，用合於道的方法來報答冤仇，這樣怎麼可以是最合於道的好方法呢？所以聖人手中拿著吉祥的借據，並不會強行追討、責怪於人。合於道的方法是掌握著契約，不合於道的方法就是徹底的強行討要。天道的自然規律是客觀的，沒有親疏遠近的，它的恩惠給予合於道做事的人。

1. 和大怨，必有餘怨；報怨以德，安可以為善？

【譯文】平息、和解了大的冤仇，必然還有餘下的怨氣，用合於道的方法來報答冤仇，這樣怎麼可以是最合於道的好方法呢？

【解析】有了大冤仇，在人心中會長久存留。即使和解、平息了冤仇，也會帶著記憶中的餘怨，那是很難抹掉的。以合於天道的方法來解決好冤仇，難道就可以使人心中沒有痕跡嗎？不是的，發生過的事情就是事實了，意識中不會當做沒發生來記憶。那麼，只有沒產生冤仇，才是比合於天道來處理事情的更好方法。所以，不結怨仇才是最好的、最合於道的。

2. 是以聖人執左契[1]，而不責於人。

【譯文】所以聖人手中拿著吉祥的借據，並不會強行追討、責怪於人。

【解析】所以有道的聖人是不會使事情產生冤仇的，他就好比手中拿著別人向他借款的借據，他把借款這一事情當做吉事和做好事來辦，即使還不上款，也不會強行追討、逼迫、責怪於人。總之，就是不使事情產生冤仇。

3. 有德司契[1]，無德司徹[2]。天道無親，常與善人。

(1)左契：第三十一章中「吉事尚左、凶事尚右」，所以左契即爲象徵著吉祥事情的借據。

(1)司契：掌握著契約。
(2)司徹：徹底解決事情。

【譯文】合於道的方法是掌握著契約，不合於道的方法就是徹底的強行討要。天道的自然規律是客觀的，沒有親疏遠近的，它的恩惠給予合於道做事的人。

【解析】那麼，作為有德者，還不上的款就不要了嗎？如果按道的規律來做，就是順其自然，還得上就收下，還不上就真的不要了。因為捨得是平衡的，有的原因是以損失錢款的結果來平衡自我以前種下的惡因，如果沒有惡因造成損失錢財，那麼天道的捨得平衡規律會從某一方面自動返還回來的，並不會真正的損失所有。所以，不懂道的人會強討，想把事情徹底的解決好；明白天道的人，就不會強行追討。天道的規律是沒有親疏遠近的，只要符合天道規律做事，就會有好的結果。

運用法門

本章講述的是：不要種下冤仇的惡因，即使以後很好的解決了發生過的冤仇，也不如不發生冤仇的事情。世間一切事物都是因果的反應，種善因得善報。

第八十章

小國寡民，使有什伯之器而不用，使民重死而不遠徙。雖有舟輿，無所乘之；雖有甲兵，無所陳之。使民復結繩而用之。甘其食，美其服，安其居，樂其俗。鄰國相望，雞犬之聲相聞，民至老死不相往來。

在我獨立的修道環境之中，即使有十倍、百倍的器具也用不到，修煉自我的身體，重視生死，而不遠行。雖然有船和車，也不會去乘坐；雖然有盔甲和兵器，也不用去擺設它。使自我的身心進入返璞歸真的狀態而修行。這樣，我感覺吃的也很甜美，穿的也很漂亮，有安靜、逍遙的居所，自娛自樂也不用管別人怎麼樣看。與世俗之間相望，雞犬的聲音也能聽得到，但是我直到以後也不會與世俗來往。

1. 小國[1]寡民，使有什伯之器而不用，使民[2]重死[3]而不遠徙。

【譯文】在我獨立的修道環境之中，即使有十倍、百倍的器具也用不到，修煉自我的身體，重視生死，而不遠行。

【解析】拋開世俗，進入獨自修道的環境中，各種器具用不到了，只有安心的修煉，不要到處行走，重視所謂的了脫生死及進入宇宙多維空間的能力，以期達到與天地同在的真人層次。

(1)小國：自我修道的環境。
(2)民：身體。
(3)重死：重視生死。

2. 雖有舟輿[1]，無所乘之；雖有甲兵，無所陳之。使民復結繩而用之。甘其食，美其服，安其居，樂其俗。

【譯文】雖然有船和車，也不會去乘坐；雖然有盔甲和兵器，也不用去擺設它。使自我的身心進入返璞歸真的狀態而修行。這樣，我感覺吃的也很甜美，穿的也很漂亮，有安靜、逍遙的居所，自娛自樂也不用管別人怎麼樣看。

【解析】在這個環境中，很少再進入世俗間，也用不到交通工具和盔甲兵器；沒有人打擾，使自己進入返璞歸真的狀態，安心修煉，吃的、穿的、住的感覺都很美好。雖然在世人看來可能很簡陋，但是卻可以隨心所欲，自娛自樂。

(1)舟輿：船和車。

3. 鄰國[1]相望，雞犬之聲相聞，民至老死不相往來。

【譯文】與世俗之間相望，雞犬的聲音也能聽得到，但是我直到以後也不會與世俗來往。

(1)鄰國：世俗社會。

【解析】與世俗間隔的其實很近，連雞犬的聲音都聽得到，但是卻不會離開自我的修道環境，再入世俗沾惹凡塵，一直修煉至最後，達成最終目的。

運用法門

本章講述的是至人的修煉狀態。這時，修道人世間法已經圓滿，脫離於聖賢之道，進入了完全自我的修煉狀態，這就是古修道者講的，比聖人高一個層次的至人狀態。進入至人狀態後，就一直靜心修煉，提高層次，進入更深的多維空間，最後達到所謂散者為風、聚者成形、與天地同在的大圓滿目地。這也就是《黃帝內經》中所說的上古真人，或道教講的大羅神仙層次。在歷史上，一些修道人有生無死，不知所蹤，傳說就是在這個層次中，修道成功後而羽化成仙了。

第八十一章

信言不美，美言不信。善者不辯，辯者不善。知者不博，博者不知。聖人不積，既以為人，己愈有；既以與人，己愈多。天之道，利而不害；聖人之道，為而不爭。

誠實可信的言語並不刻意修飾，刻意修飾的言語並不真實可信。合於道的人不狡辯，狡辯的人不合於道。真正有知識的人並不認為自己博學，認為自己博學的人並沒有淵博的知識。聖人並不積累多餘的、用不到的東西，而是盡力的幫助別人，這樣反而能獲得最需要得到的東西；聖人盡力給予別人，自己需要獲得的東西就更加充足。天道的基本規律是有利於萬物，而並不傷害萬物。聖人修道的法則是順應自然規律做事，而並不為自己爭得好處。

1. 信言不美，美言不信。善者不辯，辯者不善。知者不博，博者不知。

【譯文】誠實可信的言語並不刻意修飾，刻意修飾的言語並不真實可信。合於道的人不狡辨，狡辯的人不合於道。真正有知識的人並不認為自己博學，認為自己博學的人並沒有淵博的知識。

【解析】道的規律是無形的，凡是有形的、強為的都是表象。道的內在本性是靜的、柔的、為之下的、不爭的。所以，如果出現動的、強的、取其上的、相爭的，都是表象，不是道的內在真實反映。

世間所有事物都是大自然的產物，都符合於道的規律。所以任何事物都可以用道的規律來做出判斷，那麼也就是：外表華麗的語言並不可信，滔滔不絕不斷為自己辯解的人並不真實，認為自己博大精深、經常賣弄學識的人，並沒有深厚的知識。

2. 聖人不積，既以為人，己愈有，既以與人，己愈多。

【譯文】聖人並不積累多餘的、用不到的東西，而是盡力的幫助別人，這樣反而能獲得最需要得到的東西；聖人盡力給予別人，自己需要獲得的東西就更加充足。

【解析】聖人是深深懂得天道自然規律的，由於有捨必有得，所以，聖人越是幫助人給予人，就越會獲得天道的回報。有道的聖人並不留戀世間之物，所以他獲得的是天道能量給予修為的加持。

3. 天之道，利而不害；聖人之道，為而不爭。

【譯文】天道的基本規律是有利於萬物，而並不傷害萬物。聖人修道的法則是順應自然規律做事，而並不為自己爭得好處。

【解析】合於天道做事，只會有好處，而不會出現壞處。聖人順合於天道的做法就是：只求做事，而不生貪求。他並不會為了達到獲得天道能量的加持而去捨，只有在淡泊利益、不為追求特定目標的情況下做出的事情，才是真正合於道的。

運用法門

本章是《道德經》的最後一章，重點強調的就是一個「捨」字。捨是獲得道的本質狀態的重要方法，「既以為人，己愈有，既以與人，己愈多」。捨是修道的法門，世俗的東西是不長久的，有形的東西都是無常的，捨掉有形的就會換來無形的、長久的。

但是，在世間法之中，首先要保有自己的本源，做事情不能走極端，捨也不能走極端，順合於天道的捨才是對的，順天道的捨就是第三十三章中所講的「不失其所有者久」，自己的本源不能捨出去，而且捨也要看清事物的全貌，到底該不該捨，能不能捨，以什麼方式捨。總之，捨是極其重要的，修道人一定要捨的，不捨的修行是不可能成功的，捨是獲得天道能量的重要方法，以合適的方法捨是最重要的修行法門之一。

常言講的「受人滴水之恩，當以湧泉相報」等一些語言，雖然說的是做事要有良心、不能忘本等做人的根本，但那卻是最符合天道規律的捨的方法之一。由於受到過人家恩惠，人家已經種了善因，你給予多多回報，施恩給你的人得到了善果，是合於道的。

那麼，回報的很多是否給別人種下了惡因呢？不會的，因為當初你得到的恩惠，經過時間的積累，恩惠所產生的無形價值及對事物連綿不斷的影響，以至於可能會改變了一生，是後面

很多果的前因，已經遠遠超過了當初你的所得，所以湧泉相報亦無不可。這不僅是報答別人，也是為自己種下善因，一舉兩得。一是你補報了所得，平衡了天道資訊；二是你給予了很多，為自己種下了善因，這樣以後會成就更好更大的善果。所以，受過別人恩惠的人，一定要報答，懂得報恩的人，他會前途無量，做事情會發展非常好的。

修道人應更善於報恩，這樣會更好的得到天道資訊能量的加持，提升層次，修行容易成功。懂得順應、運用天道規律的人，一定會獲得最美好的結果。從方法角度來講，這是非常好的捨的技巧。但是，如果不能知恩圖報，那麼原來得到的恩惠，時間長了，就會漸漸地轉化為惡因，自動使人遭受損失，因為天道是平衡的，獲得了恩惠就一定要付出相應的所有。所以，有智慧的人，會運用這種情況進行良性循環，他也就會越來越好；無智慧的人，不拿受人恩惠當回事，很快就忘了，但是，天網恢恢疏而不失，天道規律不會失效的，會讓不懂回報的人自動的從某一方面折損掉。

在社會上，我們會聽到有人説，自己做事情總是運氣不好，很多事情眼看著就要做成了，但是最後總是出現別的因素，干擾事情，造成失敗。另外，還會有成功人士説，自己的成功是莫名其妙的，不知不覺中，竟然已經做得很大了，成功了，想一想，自己甚至感覺有些意外。

其實，一切事物都是因果，種什麼因自然會得什麼果，成功與失敗都是在不知不覺中，不由自主進行的。種了合於道的捨善的因，也包括知恩圖報的因，就會得到順天者昌的成功果實，做事情會事半功倍；種下自私、貪婪、狹窄、違背自然規律的因，就會獲得失敗的果報，無論怎麼用盡心力做事，最後的結果還是一事無成。

合於道的捨，除了外在的事情，在自我修為方面也需要捨。捨去了貪婪、欲望，心胸會寬闊；捨棄了煩惱、憂愁，心情會快樂；捨去了錢財、力氣幫助人，會獲得別人的祝福和感謝；

給別人送去善言，會獲得別人的贊許和誇獎。

修道人順合於天道的捨，會獲得天道資訊的加持，進而成為功德。作為修道人，最需要的是修煉層次的提高，進入更好的合於道的狀態；從功力上來講，修煉出陽神，提高陽神品質，才可以達到修道人最終的目標。

那麼，合於天道的捨，就是獲得大自然資訊能量的重要法寶，就是助你通往成功之路的重要法門！

國家圖書館出版品預行編目資料

修行者的《道德經》: 循天機而起、改天機而行 ,《道德經》的解析與運用 / 劉金勝解譯 . -- 初版 . -- 臺北市 : 商周出版 : 家庭傳媒城邦分公司發行 , 2014.08
面； 公分
ISBN 978-986-272-643-3(平裝)

1. 道德經 2. 研究考訂

121.317 103015657

修行者的《道德經》

循天機而起、改天機而行，《道德經》的解析與運用

解 譯 者 / 劉金勝
企畫選書 / 徐藍萍
責任編輯 / 徐藍萍

版 權 / 翁靜如、吳亭儀
行銷業務 / 林秀津、何學文
副總編輯 / 徐藍萍
總 經 理 / 彭之琬
發 行 人 / 何飛鵬
法律顧問 / 台英國際商務法律事務所 羅明通律師
出 版 / 商周出版
台北市104民生東路二段141號9樓
電話：(02) 25007008 傳眞：(02)25007759
E-mail：bwp.service@cite.com.tw
Blog：http://bwp25007008.pixnet.net/blog
發 行 / 英屬蓋曼群島商家庭傳媒股份有限公司 城邦分公司
台北市中山區民生東路二段141號2樓
書虫客服服務專線：02-25007718；25007719
服務時間：週一至週五上午 09:30-12:00；下午 13:30-17:00
24 小時傳眞專線：02-25001990；25001991
劃撥帳號：19863813；戶名：書虫股份有限公司
讀者服務信箱：service@readingclub.com.tw
城邦讀書花園：www.cite.com.tw
香港發行所 / 城邦（香港）出版集團有限公司
香港灣仔駱克道193號東超商業中心1樓；E-mail：hkcite@biznetvigator.com
電話：(852) 25086231 傳眞：(852) 25789337
馬新發行所 / 城邦（馬新）出版集團 Cite (M) Sdn. Bhd.
41, Jalan Radin Anum, Bandar Baru Sri Petaling, 57000 Kuala Lumpur, Malaysia.
Tel: (603) 90578822 Fax: (603) 90576622 Email: cite@cite.com.my

---

封面設計 / 林翠之
排 版 / 極翔企業有限公司
印 刷 / 卡樂製版印刷事業有限公司
總 經 銷 / 高見文化行銷股份有限公司 新北市樹林區佳園路二段70-1號
電話：(02)2668-9005 傳眞：(02)2668-9790 客服專線：0800-055-365

■2014年9月2日初版
■2021年9月27日初版3.5刷
定價420元

Printed in Taiwan

城邦讀書花園
www.cite.com.tw

 ISBN 978-986-272-643-3

修行者的道德經

循天機而起、改天機而行，《道德經》的解析與運用

劉金勝／解譯